plurall

Parabéns!
Agora você faz parte do **Plurall**, a plataforma digital do seu livro didático! Acesse e conheça todos os recursos e funcionalidades disponíveis para as suas aulas digitais.

Baixe o aplicativo do **Plurall** IOS ou acesse www.plurall utilizando o seu código de acesso exclusivo.

AAPGX58JB

Este é o seu código de acesso Plurall. Cadastre-se e ative-o para ter acesso aos conteúdos relacionados a esta obra.

@plurallnet
@plurallnetoficial

SOMOS EDUCAÇÃO

ESPAÑOL sin fronteras

7º AÑO

Ensino fundamental
Anos finais

María de los Ángeles Jiménez García

É bacharela e licenciada em português e espanhol pela Faculdade de Filosofia, Letras e Ciências Humanas (FFLCH) da Universidade de São Paulo (USP).

Foi professora coordenadora do Centro de Estudos de Línguas (CEL) da 6ª Delegacia de Ensino da Secretaria Estadual de Educação do Estado de São Paulo, na EE Prof. José Heitor Carusi, de 1988 a 2000. Em 1992, também foi professora coordenadora do projeto Classes de Espanhol da Secretaria Municipal de Educação de São Paulo.

Josephine Sánchez Hernández

É bacharela e licenciada em português e espanhol pela Faculdade de Filosofia, Letras e Ciências Humanas (FFLCH) da Universidade de São Paulo (USP).

Foi professora do Centro de Estudos de Línguas (CEL) da 8ª Delegacia de Ensino da Secretaria Estadual de Educação do Estado de São Paulo, na EE Nossa Senhora da Penha, de 1988 a 2002.

Wagner de Souza Santos

É bacharel e licenciado em português e espanhol pela Universidade Paulista (Unip-SP) e bacharel em português e italiano pela Universidade do Estado do Rio de Janeiro (Uerj).

Especialista no ensino de espanhol para brasileiros pela Pontifícia Universidade Católica de São Paulo (PUC-SP), estudou interculturalidade na Universitat Pompeu Fabra (UPF) de Barcelona. Atua na rede particular de ensino, desde 2001, em escolas internacionais e é professor do Instituto Cervantes de São Paulo desde 2012.

editora scipione

editora scipione

Presidência: Mario Ghio Júnior
Direção executiva: Daniela Villela (Plataforma par)
Vice-presidência de Educação Digital: Camila Montero Vaz Cardoso
Direção editorial: Lidiane Vivaldini Olo
Gerência de conteúdo e design educacional: Renata Galdino
Gerência editorial: Julio Cesar Augustus de Paula Santos
Coordenação editorial: Luciana Nicoleti
Edição: Marina Caldeira Antunes e Patrícia Rocco S. Renda
Planejamento e controle de produção: Flávio Matuguma (ger.), Juliana Batista (coord.), Jayne Ruas (analista)
Revisão: Letícia Pieroni (coord.), Aline Cristina Vieira, Anna Clara Razvickas, Brenda T. M. Morais, Carla Bertinato, Daniela Lima, Danielle Modesto, Diego Carbone, Kátia S. Lopes Godoi, Lilian M. Kumai, Malvina Tomáz, Marília H. Lima, Paula Rubia Baltazar, Paula Teixeira, Raquel A. Taveira, Ricardo Miyake, Shirley Figueiredo Ayres, Tayra Alfonso e Thaíse Rodrigues
Arte: Fernanda Costa da Silva (ger.), Catherine Saori Ishihara (coord.), Claudemir C. Barbosa (edição de arte)
Diagramação: Essencial Design
Iconografia e tratamento de imagem: Roberta Bento (ger.), Claudia Bertolazzi (coord.), Evelyn Torrecilla (pesquisa iconográfica) e Fernanda Crevin (tratamento de imagens)
Licenciamento de conteúdos de terceiros: Roberta Bento (ger.), Jenis Oh (coord.), Liliane Rodrigues, Raísa Maris Reina e Sueli Ferreira (analistas de licenciamento)
Ilustrações: Caue Zunchini e Roberto Zoellner
Cartografia: Eric Fuzii (coord.) e Robson Rosendo da Rocha
Design: Erik Taketa (coord.) e Pablo Braz (miolo e capa)

Todos os direitos reservados por Somos Sistemas de Ensino S.A.
Avenida Paulista, 901, 6ª andar – Bela Vista
São Paulo – SP – CEP 01310-200
http://www.somoseducacao.com.br

Dados Internacionais de Catalogação na Publicação

```
Garcia, Maria de los Ángeles Jiménez
   Español sin fronteras : 7º ano / María de los Ángeles
Jiménez Garcia, Josephine Sánchez Hernández, Wagner de
Souza Santos. -- 5. ed. -- São Paulo : Scipione, 2021.

   ISBN 978-85-4740-401-7 (livro do aluno)
   ISBN 978-85-4740-402-4 (livro do professor)

   1. Língua espanhola (Ensino fundamental) - Anos finais
I. Título II. Hernández, Josephine Sánchez III. Santos,
Wagner de Souza

21-2187                                      CDD 468.24
```

Angélica Ilacqua – Bibliotecária – CRB-8/7057

2023
5ª edição
4ª impressão

Impressão e acabamento Gráfica Elyon

Uma publicação

Presentación

Querido alumno

Aprender un nuevo idioma nos abre puertas que dan paso a saberes de otras culturas, construye puentes que nos llevan a otros pueblos y a otros paisajes, y, aún más, rompe las fronteras del conocimiento y nos permite resignificar nuestro papel en un mundo cada vez más complejo y desafiador. Aprender una nueva lengua no significa restringirse al valor del idioma en sí mismo, sino ampliar las posibilidades de establecer nuevas conexiones, que te permitirán enriquecer tu experiencia de vida y reconstruir tu identidad.

Desde su primera edición, la colección **Español sin fronteras** fue elaborada con el propósito de facilitar tu acceso a ese rico universo cada vez más amplio y diverso, además de contribuir para que interactúes de forma significativa con todos los que forman parte de ese mundo. Es una colección hecha para ti, que quieres aprender español de una forma agradable y divertida. Sin embargo, todos sabemos que el libro no basta y que será necesario sobre todo tu empeño. Al final, eres tú el principal agente de tu aprendizaje.

Si entiendes, lees, hablas y escribes en español, más que comunicarte con casi 500 millones de personas que también hablan español, podrás posicionarte de manera crítica ante distintas situaciones sociales, bien como aprender a convivir con la diferencia e intentar entender al otro sin prejuicios. Tendrás delante de ti un gran abanico de posibilidades que te llevarán a caminar sin fronteras.

¡Mucho éxito y un gran abrazo!

Los autores

Conoce tu libro

Unidad

Al inicio de cada unidad, vas a conversar con tus compañeros sobre un elemento cultural del mundo hispanohablante y conocer el tema de la unidad.

¿Cómo se dice?

En esta sección, vas a escuchar audios, leer textos, hacer actividades y conocer cómo se dicen determinadas cosas en español.

¿Entiendes lo que oyes?

Aquí tienes la oportunidad de ejercitar la comprensión de audios variados y hacer actividades sobre ellos.

¿Cómo se escribe?

Ya en esta sección, vas a conocer características de la escritura en español y ejercitar esos contenidos.

¿Qué sonido tiene y cómo se escribe?

En esta sección, podrás relacionar la pronunciación de determinados sonidos en español con el modo como esos sonidos se transcriben en la escritura.

¿Vamos a leer?

Este es el momento de leer textos variados, explorar sus características y hacer actividades sobre lo que leíste.

¿Cómo funciona?

Es hora de organizar los conocimientos lingüísticos que adquiriste hasta este momento, reconocer estructuras gramaticales y utilizarlas en actividades prácticas.

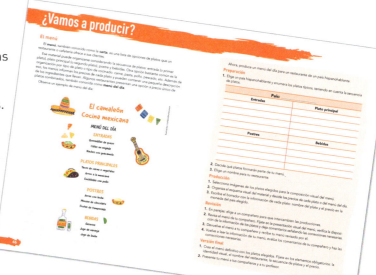

¡Entérate!

En esta sección, vas a leer un texto periodístico actual y hablar con tus compañeros sobre temas contemporáneos relevantes.

¿Vamos a producir?

¿Qué tal poner en práctica lo que aprendiste? Aquí, vas a encontrar una propuesta de producción oral o escrita con todas las orientaciones necesarias para que te expreses en español.

Sigue explorando

Para finalizar la unidad, esta sección trae una propuesta de investigación sobre actualidades culturales de los países hispanohablantes y también sugerencias de materiales complementarios en el cuadro **Para explorar más**.

Repaso

Al final del libro, hay actividades de revisión del contenido de todas las unidades.

Sumario

UNIDAD 1
Vida en la ciudad 8

¿Cómo se dice? 9
   Los establecimientos y espacios públicos
   Palabras que indican lugar

¿Entiendes lo que oyes? 14
   Mi barrio

¿Qué sonido tiene y cómo se escribe? 15
   El uso de la **l** y la **ll**

¿Vamos a leer? 16
   Informe de los Objetivos de Desarrollo Sostenible, Naciones Unidas

¿Cómo funciona? 19
   Verbos **haber** y **tener**
   Verbos irregulares de la primera conjugación en presente de indicativo

¿Vamos a producir? 24
   La guía turística

¡Entérate! 26
   Ciudades más sostenibles

Sigue explorando 27
   Barrios con grafiti

UNIDAD 2
A comer 28

¿Cómo se dice? 29
   El desayuno, el almuerzo, la merienda, la cena
   Los alimentos
   Pesos y medidas
   ¿Ponemos la mesa?

¿Entiendes lo que oyes? 35
   La salud y la comida

¿Qué sonido tiene y cómo se escribe? 37
   La **m** y la **n**

¿Vamos a leer? 38
   "Receta de cebiche", Gastón Acurio

¿Cómo funciona? 41
   Muy y **mucho**
   Verbos irregulares de la segunda conjugación en presente de indicativo

¿Vamos a producir? 46
   El menú

¡Entérate! 48
   La alimentación en la pandemia

Sigue explorando 49
   Los minichefs

UNIDAD 3
Deporte sin fronteras 50

¿Cómo se dice? 51
   Los Juegos Olímpicos
   Los deportes
   Los numerales

¿Entiendes lo que oyes? 57
   Deportes de aventura

¿Qué sonido tiene y cómo se escribe? 60
   La **r** y la **rr**

¿Vamos a leer? 62
   "Oler", Ramón Besa

¿Cómo funciona? 64
   Apócope
   Verbos irregulares de la tercera conjugación en presente de indicativo

¿Vamos a producir? 72
   La enciclopedia deportiva digital

¡Entérate! 74
   El deporte adaptado en tiempos de pandemia

Sigue explorando 75
   Estrellas del deporte

UNIDAD 4
Mundo animal 76

¿Cómo se dice? 77
  Voluntariado y protección animal
  Los animales

¿Entiendes lo que oyes? 84
  Los beneficios de tener una mascota

¿Qué sonido tiene y cómo se escribe? 86
  La **s**, la **z** y la **c**

¿Vamos a leer? 88
  Declaración Universal de los Derechos de los Animales

¿Cómo funciona? 91
  Los indefinidos
  Irregularidades especiales en presente de indicativo

¿Vamos a producir? 98
  El video de *tag*

¡Entérate! 100
  Tráfico de animales

Sigue explorando 101
  Especies amenazadas

UNIDAD 5
¡Conectados a la red! 102

¿Cómo se dice? 103
  El cotidiano y los blogs
  La Internet y los aparatos tecnológicos

¿Entiendes lo que oyes? 108
  Relato sobre los cómics

¿Cómo se escribe? 109
  La **y** / **e** y la **o** / **u**

¿Vamos a leer? 110
  "Ciberacoso: Qué es y cómo detenerlo", Unicef

¿Cómo funciona? 113
  La preposición
  Pretérito imperfecto de indicativo

¿Vamos a producir? 118
  La ficha técnica

¡Entérate! 120
  Brecha digital

Sigue explorando 121
  Recorridos virtuales

UNIDAD 6
Por fin... las vacaciones 122

¿Cómo se dice? 123
  Relato sobre las vacaciones
  Actividades de ocio

¿Entiendes lo que oyes? 128
  La risa y la salud

¿Cómo se escribe? 129
  La acentuación

¿Vamos a leer? 132
  "Cosas que hice en Madrid", Ricardo Liniers

¿Cómo funciona? 134
  Pretérito perfecto simple y compuesto

¿Vamos a producir? 138
  El relato personal

¡Entérate! 140
  Vacaciones en la pandemia

Sigue explorando 141
  Estrenos del cine español y latinoamericano

REPASO 142
Unidad 1 142
Unidad 2 145
Unidad 3 148
Unidad 4 151
Unidad 5 154
Unidad 6 157

BIBLIOGRAFÍA 160

UNIDAD 1

VIDA EN LA CIUDAD

◆ ¿Qué ciudad colombiana está representada en la fotografía? ¿Te parece moderna o antigua?

◆ ¿Conoces otras ciudades parecidas a esa? ¿Cuáles?

◆ En tu opinión, ¿las ciudades reflejan la cultura de sus habitantes? ¿Por qué?

En las ciudades, vivimos cerca a las demás personas y nos necesitamos unos a los otros. ¿Quién, por ejemplo, nunca ha pedido una información en la calle? ¿Quién algún día no la dio? ¿Vamos a conocer cómo podemos comunicarnos en una ciudad?

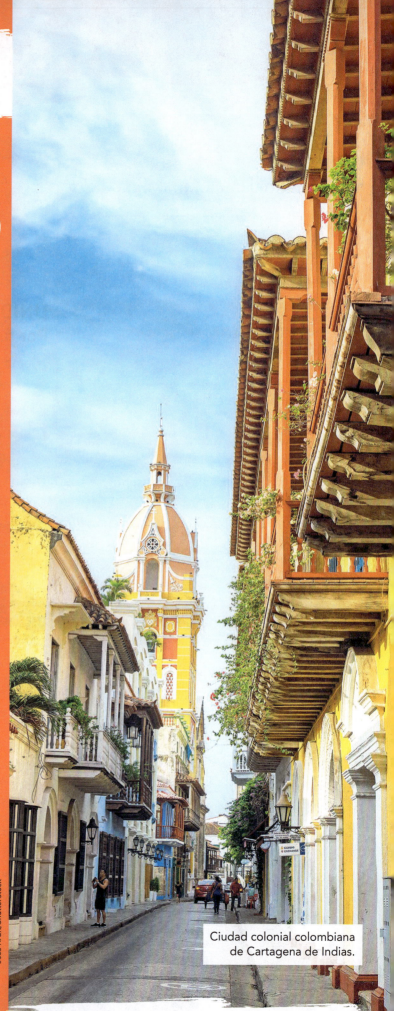

Ciudad colonial colombiana de Cartagena de Indias.

¿Cómo se dice?

▶ **1** Escucha los diálogos y relaciónalos con las imágenes a continuación.

a. **Niño** ¡Hola! ¿Sabes dónde está la parada de autobús?

   Niña Sí, sí, está muy cerca de aquí. Sigue recto y en el segundo semáforo a la izquierda hay una parada, delante del quiosco.

   Niño ¡Vale!

b. **Julio** Te espero en mi casa a las siete.

   Rafael Bueno... Pero ¿cómo voy a tu casa?

   Julio Coges el [autobús] 9, en la calle Cervantes, y te bajas en la Iglesia de San Pablo.
   Cruzas la calle y sigues por la acera. En la segunda esquina está mi edificio, al lado de la pastelería. Tienes mi dirección, ¿no?

   Rafael ¡Sin problema! Hasta las siete.

c. **Señora** Por favor, es mi primera vez en Buenos Aires. ¿Sabe usted dónde está la estación de metro?

   Taxista Pues es muy fácil. Siga usted todo recto por esta calle. Al final, encontrará la oficina de correos; a continuación, una plaza; y allí verá el subte.

   Señora Muchas gracias.

d. **Joven** ¿Conoce usted la calle Sevilla?

   Señor ¿La calle Sevilla...? Lo siento. Mira, puedes preguntar ahí, en esa gasolinera.

   Joven Vale, gracias.

2 Lee las frases y escribe **V** si la afirmación es verdadera o **F** si es falsa.

○ El niño pide información para ir a la Iglesia de San Pablo.

○ La parada de autobús está en el segundo semáforo a la izquierda.

○ Rafael no sabe ir a la casa de Julio.

○ El subte no está en la plaza.

○ La señora le pide información al taxista para ir a la estación de metro.

○ El señor conoce la calle Sevilla.

3 Relaciona la frase con el personaje, según el texto.

a. En la segunda esquina está mi edificio.

b. Sí, sí, está muy cerca de aquí.

c. Lo siento.

d. Por favor, es mi primera vez en Buenos Aires. ¿Sabe usted dónde está la estación de metro?

e. Al final, encontrará la oficina de correos; a continuación, una plaza; y allí verá el subte.

f. ¿Sabes dónde está la parada de autobús?

g. ¿Conoce usted la calle Sevilla?

h. ¡Sin problema!

○ El niño.
○ El señor.
○ El joven.
○ El taxista.
○ Rafael.
○ La niña.
○ Julio.
○ La señora.

4 Transcribe dos expresiones de los diálogos, teniendo en cuenta la intención de los hablantes.

a. Para pedir información.

_____
_____
_____

b. Para dar información.

_____
_____
_____
_____

5 ¿Ya has pasado por alguna experiencia parecida a las situaciones presentadas anteriormente? ¿Cuál?

_____
_____
_____
_____

Los establecimientos y espacios públicos

1 Mira el plano del barrio y relaciona los establecimientos con las imágenes.

- ( ) La verdulería.
- ( ) La comisaría de policía.
- ( ) La papelería.
- ( ) El club.
- ( ) La universidad.
- ( ) La panadería.
- ( ) La iglesia.
- ( ) La carnicería.
- ( ) La floristería.
- ( ) La peluquería.

2 Completa las frases con los establecimientos teniendo en cuenta su ubicación en el barrio.

a. La comisaría de policía está a la derecha de la _____.

b. _____ está delante de la estación de metro.

c. _____ está en el centro del barrio.

d. La papelería está a la izquierda del _____.

e. _____ está muy lejos de la gasolinera.

f. La floristería está al lado de la _____.

Palabras que indican lugar

1 Martín recién llegó a Colombia. Observa las imágenes y relaciónalas con las frases a seguir.

   a. La maleta está cerca de Martín.

   b. La maleta está encima de la cama.

   c. El obelisco está detrás de Martín.

   d. El museo histórico está a la derecha del restaurante.

   e. El mozo está a la izquierda de Martín.

   f. Las ropas de Martín están dentro de la valija.

2 Ahora, completa la lista con los adverbios de lugar de la actividad anterior.

Los adverbios de lugar	
	Lejos de
Arriba de	Abajo de
	Debajo de
Delante de	
	Fuera de

¿Entiendes lo que oyes?

1 Habla con tus compañeros sobre el barrio en que vives: ¿Te gusta vivir en tu barrio? ¿Qué hay y qué falta en él?

02 2 Escucha y completa el texto con las palabras que faltan.

Mi barrio

Me gusta mucho mi barrio porque allí encuentro todo lo que quiero. Para ir al centro de la ciudad o a otros barrios, tenemos el _____, que nos lleva rapidísimo a cualquier parte. Hay también varias paradas de _____ con destinos diferentes que facilitan el transporte público, y una _____ de tren para viajes más largos. Hay una _____ muy bonita, llena de árboles, con bancos para sentarse y un _____ de periódicos y revistas. De esa plaza salen tres calles principales: una calle que lleva al _____, donde se practican deportes y se puede pasear por un hermoso _____, con pistas para hacer caminatas y andar en bici; la otra calle es comercial, tiene _____ de ropa y de electrodomésticos, zapaterías; y en la tercera, que es más ancha, están los _____, la Caja de Ahorros y la oficina de _____ para echar las cartas. Hay otra _____ más pequeña con una _____ del siglo XIX, una _____ donde estudiamos mis hermanos y yo y una _____ con muchos libros, donde se puede pasar horas leyendo o investigando. Contamos con dos _____, con varias especialidades médicas y también servicio de urgencias, y con una _____ que queda abierta 24 horas, con un farmacéutico en cada turno.

Tenemos muchos lugares para divertirnos, como las _____, para pasar un buen rato charlando, comiendo y bebiendo con los amigos, sin olvidar los _____ donde sirven comidas exquisitas y típicas de varios países. Hay también un gran _____ y un _____ con tres salas, en las que se proyectan películas en dos o tres sesiones, en un gran centro _____.

Texto elaborado especialmente para esta obra.

3 Contesta a las preguntas según el texto.

a. ¿Qué aspectos del barrio le gustan al narrador?

_____

_____

b. Completa el cuadro con palabras del texto.

Medios de transporte	Establecimientos comerciales	Servicios	Establecimientos educacionales, religiosos y culturales	Espacios públicos

¿Qué sonido tiene y cómo se escribe?

El uso de la l y la ll

1 Escucha el texto y completa los huecos.

Con _____ o con sol, _____ a

_____ a vender _____ periódicos

_____ día:

"¡_____!... ¿Quiere uno?". _____

personas pasan, unas compran, otras no, dejando atrás

_____ eco de su voz: _____".

> La **l** al inicio y en el medio de la palabra se pronuncia como en portugués: bailar, lado; pero, al final de la sílaba, hay que tener cuidado para no pronunciarla como la **u**: maldad, Rafael. En algunas regiones de España y América, la **ll** se pronuncia como **y**: calle, lluvia; pero hay regiones de España en que la **ll** se pronuncia como **lh** del portugués: calle, lluvia; y algunas partes de América en que la **ll** se pronuncia como **dj** en portugués: calle, lluvia.

2 Completa las palabras con **l** o **ll**.

a. ig___esia

b. árbo___es

c. bai___ar

d. ___egar

e. ___ave

f. ca___e

g. ga___ina

h. nieb___a

i. ___evar

j. ___amar

k. choco___ate

l. ___uvia

¿Vamos a leer?

1 ¿Conoces la agenda 2030? Mira los 17 objetivos de desarrollo sostenible y discute con tus compañeros en qué consiste cada uno de ellos.

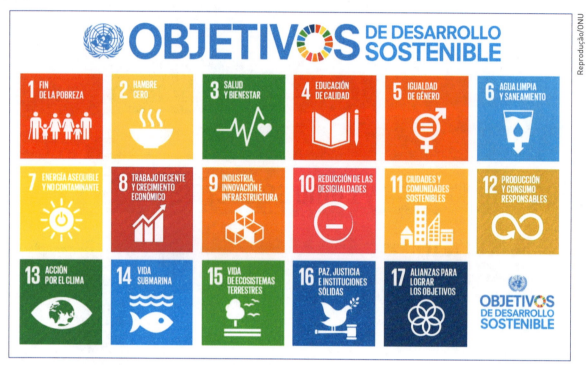

NACIONES UNIDAS. *Objetivos de desarrollo sostenible*. Disponible en: www.un.org/sustainabledevelopment/es/objetivos-de-desarrollo-sostenible/. Accedido el: 25 mar. 2021.

2 Lee el texto del informe e identifica con cuál objetivo está relacionado.

3 Lee el texto y contesta a las preguntas a continuación.

Se necesita más transporte público en las ciudades del mundo

El transporte público fiable, accesible y asequible reduce la contaminación y el tráfico, y promueve la productividad y la inclusión. Según los datos del año 2019, de 610 ciudades en 95 países, solo la mitad de la población urbana del mundo tiene un acceso conveniente al transporte público. El acceso se mide como la proporción de la población que se encuentra a menos de 500 metros de distancia a pie de los sistemas de transporte de baja capacidad (autobuses y tranvías) y a mil metros de distancia de los sistemas de alta capacidad (trenes, metros y transbordadores). Además, muchas ciudades tienen una alta prevalencia de sistemas de transporte informales, que suelen ser deficientes en cuanto a la regularidad y la seguridad. El enfoque en inversiones a corto plazo en la infraestructura de transporte público por carretera puede traducirse en un mayor acceso a los sistemas de transporte público de baja capacidad.

Mientras la pandemia esté en curso, las ciudades podrían tener que incorporar medidas de seguridad adicionales para mitigar el elevado riesgo de transmisión del coronavirus en los transportes públicos con aglomeración de personas. Los datos a nivel mundial ilustran la necesidad de mejorar el acceso a sistemas de transporte público que estén bien integrados con senderos para peatones y bicicletas, mediante planes de movilidad a largo plazo e inversiones específicas. [...]

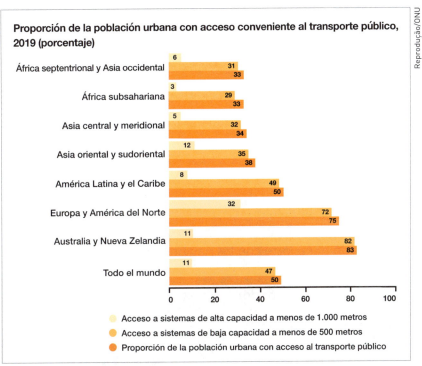

NACIONES UNIDAS. *Informe de los Objetivos de Desarrollo Sostenible 2020*. Nueva York: Naciones Unidas/Departamento de Asuntos Económicos y Sociales, 2020. p. 46. Disponible en: https://unstats.un.org/sdgs/report/2020/The-Sustainable-Development-Goals-Report-2020_Spanish.pdf. Accedido el: 25 mar. 2021.

4 Escribe **V** si las afirmaciones son verdaderas o **F** si son falsas.

◯ El transporte público nunca reduce el nivel de contaminación de una ciudad.

◯ Los trenes y metros son considerados transportes de alta capacidad.

◯ Muchas ciudades utilizan sistemas de transporte informales.

◯ Las ciudades no necesitan incorporar medidas de seguridad en los transportes públicos.

◯ Los datos muestran que el mundo necesita mejorar el acceso al transporte privado.

5 Ahora contesta a las preguntas.

a. ¿Qué se necesita para que una persona tenga acceso conveniente al transporte público?

_____

_____

b. ¿Qué características suelen tener los transportes informales?

_____

_____

6 Relaciona las palabras utilizadas en el texto del informe con su significado en el texto.

a. Fiable

b. Accesible

c. Inversiones

d. Asequible

○ Que se puede acceder sin problemas.

○ Digno de confianza.

○ Que se puede adquirir o conseguir.

○ Poner dinero para mejorar algo.

7 ¿A qué se refieren los números del estudio presentado en el informe?

a. 2019: _____.

b. 610: _____.

c. 95: _____.

8 Identifica los medios de transporte con las palabras del recuadro.

| tren | autobús | transbordador | metro | tranvía | bici | avión | moto |

a.

b.

c.

d.

e.

f.

g.

h.

- ¿Cuáles de esos medios de transporte forman parte del transporte público?

_____

> En español, se utiliza la preposición **en** con la mayoría de los medios de transporte. Las excepciones son "**a** pie" y "**a** caballo".

9 ¿Crees que tu ciudad ofrece buena oferta de transporte público? ¿Por qué? Habla con tus compañeros.

Informe es un documento escrito de carácter informativo, elaborado con base en la observación y en el análisis de datos, que tiene como objetivo presentar los resultados de una investigación. Puede contener datos o información estadística en forma de números y porcentajes.

¿Cómo funciona?

Verbos **haber** y **tener**

1 Lee el fragmento de una noticia sobre coches eléctricos y observa el uso del verbo en destaque.

En España hay 4.500 puntos de recarga para coches eléctricos y todos se concentran en las grandes ciudades

Madrid, Barcelona y Valencia concentran hasta el 35% de los puntos de recarga que existen en España a día de hoy, facilitando la compra de vehículos eléctricos en estas ciudades. Obviamente, esta acumulación desanima a la gente, sobre todo, de zonas rurales a adquirir este tipo de coches. En total, se calcula que hay instalados unos 4.545 puntos de recarga para coches eléctricos en toda España, una cifra muy baja en comparación con nuestros vecinos europeos. […]

GIL, A. En España hay 4.500 puntos de recarga para coches eléctricos y todos se concentran en las grandes ciudades. *20 Minutos*, 21 feb. 2020. Disponible en: www.20minutos.es/noticia/4157239/0/en-espana-hay-4-500-puntos-de-recarga-para-coches-electricos-y-todos-se-concentran-en-las-grandes-ciudades. Accedido el: 25 mar. 2021.

2 Ahora, señala la respuesta correcta.

a. ¿Con qué sentido se utiliza el verbo **haber** en el titular de la noticia?

○ Obligación: Tienen que crear 4500 puntos de recarga.

○ Existencia: Existen 4500 puntos de recarga.

○ Necesidad: Se necesitan 4500 puntos de recarga.

b. ¿Qué enunciado presenta la misma estructura de uso del verbo **haber**?

○ En Europa hay muchos coches eléctricos.

○ Hay que utilizar más el transporte público.

○ Hay que reducir la contaminación del aire en las grandes ciudades.

> El verbo **haber** con el sentido de **existe/existen** se utiliza en su forma impersonal: **hay**.

3 Contesta a las preguntas utilizando el verbo **haber**.

a. ¿Hay restaurantes en tu barrio?

_____

b. ¿Qué hay en los parques de tu barrio?

_____

c. ¿Hay cine en tu barrio?

_____

4 Lee el texto y observa el uso de los verbos **haber** y **tener**.

En mi barrio **hay** una plaza.
Y la plaza **tiene** un jardín.
En el jardín **hay** muchas flores,
que **tienen** muchos colores.

En el barrio **hay** una plaza.
En la plaza **hay** un jardín.
En el jardín **hay** muchas flores.
En las flores **hay** muchos colores.

El barrio **tiene** una plaza.
La plaza **tiene** un jardín.
El jardín **tiene** muchas flores.
Las flores **tienen** muchos colores.

Ahora, completa las explicaciones con los verbos **tener** y **haber**, teniendo en cuenta la diferencia de uso.

a. El verbo _____ se utiliza de forma impersonal en enunciados que no tienen sujeto.

b. El verbo _____ se flexiona en singular o plural, de acuerdo con el sujeto de la oración.

5 Completa el diálogo con **haber** o **tener**.

Pablo Valeria, ven, vamos al parque que quiero mostrarte algo que da miedo.

Valeria ¿Qué _____ en el parque que pueda dar miedo?

Pablo _____ una casa abandonada y dicen que allí vive un fantasma.

Valeria ¡Bah!, no creo en fantasmas.

Pablo Sí, sí, pero los _____... Es que mi hermano estaba pasando por allí y escuchó un ruido...

Valeria ¡Vale! Vamos a ver qué _____ esa casa.

Enfrente de la casa:

Pablo Es esta.

Valeria No veo nada terrorífico. La casa _____ puerta y ventanas como cualquier otra.

Pablo Mira, la puerta se abre. Corre.

Valeria No, espera. _____ alguien ahí y no parece ser un fantasma.

Señor ¿Qué pasa? ¡Ah!, ya... el fantasma. ¡Aquí no _____ ningún fantasma! Soy el vigilante del parque y vivo en esta casa. No sé por qué dicen que soy un fantasma...

Pablo Sí, sí... Es que... Bueno, perdón... Adiós.

Verbos irregulares de la primera conjugación en presente de indicativo

1 Lee el texto y observa las palabras en destaque.

2 Ahora, completa el cuadro.

	Cambia (e → ie)	Cambia (o → ue)
(yo)	piens	recuerd
(tú)	piens	recuerd
(usted)	piens	recuerd
(él / ella)	piens	recuerd
(nosotros/as)	pens	record
(vosotros/as)	pens	record
(ustedes)	piens	recuerd
(ellos / ellas)	piens	recuerd

3 Completa los huecos con los verbos indicados según se pide.

    a. Con la primera persona de singular en presente de indicativo.

Cuando me _____ (**despertar**), _____ (**pensar**) en la tarea del día. _____ (**atravesar**) el pasillo y voy a la cocina. _____ (**calentar**) el café y me _____ (**sentar**). _____ (**cerrar**) la puerta para no oír ruidos y _____ (**empezar**) a estudiar.

    b. Con la segunda persona de singular en presente de indicativo.

Cuando te _____ (**despertar**), _____ (**pensar**) en la tarea del día. _____ (**atravesar**) el pasillo y vas a la cocina. _____ (**calentar**) el café y te _____ (**sentar**). _____ (**cerrar**) la puerta para no oír ruidos y _____ (**empezar**) a estudiar.

    c. Con la primera persona de singular en presente de indicativo.

_____ (**almorzar**) a las doce y voy a la escuela. Cuando llego allá, _____ (**colgar**) mi mochila en la silla. _____ (**contar**) los cuadernos y _____ (**comprobar**) que falta uno. No lo _____ (**encontrar**) en ninguna parte. _____ (**soltar**) un suspiro, pero no _____ (**demostrar**) preocupación. Me _____ (**mostrar**) tranquila. _____ (**apostar**) que está en mi casa.

d. Con la tercera persona de singular en presente de indicativo.

_____ (**almorzar**) a las doce y va a la escuela. Cuando llega allá, _____ (**colgar**) su mochila en la silla. _____ (**contar**) los cuadernos y _____ (**comprobar**) que falta uno. No lo _____ (**encontrar**) en ninguna parte. _____ (**soltar**) un suspiro, pero no _____ (**demostrar**) preocupación. Se _____ (**mostrar**) tranquila. _____ (**apostar**) que está en su casa.

4 Pon los verbos del recuadro en las respectivas columnas.

soñar despertar estudiar costar calentar empezar llamar gobernar trabajar acordar limpiar hablar pensar almorzar mostrar

Regulares	Irregulares que cambian e por ie	Irregulares que cambian o por ue
estudiar		
	gobernar	
		mostrar

5 Ahora, elige un verbo de cada columna y escribe una frase con cada uno.

_____
_____
_____
_____
_____
_____

¿Vamos a producir?

La guía turística

La guía turística es un material impreso o digital que aporta información sobre un destino turístico, sea ciudad o país. Ese material normalmente trae detalles que le interesa al viajero, como opciones de alojamiento, gastronomía, precios, actividades de ocio, además de sugerir opciones de desplazamiento. Mira un fragmento de una guía turística de San José, la capital de Costa Rica.

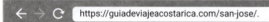

https://guiadeviajeacostarica.com/san-jose/.

Guía de viaje de San José: qué ver en la capital de Costa Rica

San José es la capital de Costa Rica y la base del viaje de muchos turistas que visitan el país. La mayoría de compañías de autobuses turísticos operan desde aquí al resto del país. Está situada en el mismo centro de Costa Rica y a solo 20 minutos del aeropuerto Internacional Juan Santamaría. [...] En esta guía encontrarás toda la información que necesitas, recursos y consejos para visitar San José y no perderte nada.

Teatro Nacional

Es el principal teatro de Costa Rica, el edificio más famoso de San José y una de las atracciones más visitadas. Se encuentra al lado de la Plaza de la Cultura.

Te recordará a los teatros europeos con sus columnas y su lujoso vestíbulo de mármol. Puedes contratar visitas guiadas y tiene cafetería.

Curiosidades:
- El teatro fue construido en el siglo XIX y se pagó con un impuesto al café.
- La fachada es neoclásica y en la entrada verás estatuas de Beethoven y Calderón de la Barca.
- Se inspiraron en la Opera de Paris para su diseño.

Dirección: Avenida Central, en el cruce de la Calle 5 y Avenida 2.

Museo Nacional de Costa Rica

Es el museo más visitado y más famoso de San José. Encontrarás exposiciones de historia natural y antropología.

Es el mejor lugar para conocer más sobre la historia y la cultura de Costa Rica. Está situado en las antiguas instalaciones militares de Bellavista.

Horario: martes a sábado de 8:30 a 16:30. Domingos de 9:00 a 16:30. Lunes cerrado.

Dirección: entre las avenidas Central y Segunda, en el lado Este de la Plaza de la Democracia.

[...]

DIEGO. Guía de viaje de San José: qué ver en la capital de Costa Rica. *Guía de viaje a Costa Rica*, 2021. Disponible en: https://guiadeviajeacostarica.com/san-jose/. Accedido el: 11 abr. 2021.

Ahora, sigue las orientaciones para crear una guía turística.

Preparación

1. Organícense en grupos, elijan una ciudad de un país hispanohablante y busquen en Internet qué se puede hacer como turista en ese destino.
2. Completa el recuadro con la información investigada por el grupo.

Destino elegido:		
Puntos turísticos	**Gastronomía**	**Alojamientos**

Producción

1. Decidan cómo será el esquema visual de la guía turística.
2. Distribuyan funciones entre los miembros del grupo: redactor, revisor y presentador.
3. Escriban el borrador de cada sección con la información que compartieron.

Revisión

1. Revisen el esquema visual de la guía turística y verifiquen la disposición de los recursos visuales.
2. Con la ayuda del profesor, corrijan los problemas estructurales y lingüísticos.
3. Editen las fotografías que han seleccionado.

Versión final

1. Creen la guía definitiva del destino elegido.
2. Presenten la guía turística a la clase y escuchen la presentación de los otros grupos.
3. Elijan los destinos que les haya parecido más interesantes.

¡Entérate!

Ciudades más sostenibles

Una ciudad sostenible debe ofrecer calidad de vida a sus habitantes sin poner en riesgo el bienestar de las futuras generaciones. ¿Crees que vives en una ciudad sostenible? Lee el texto para enterarte de ese tema.

Del gris al verde: las ciudades ante el cambio climático

El cemento debe dejar paso a otro modelo urbano más enfocado en las personas y la naturaleza

30/11/2020 - 08:43

Alba García y Adrián Fernández Carrasco

¿Deben cambiar las ciudades? ¿Pueden ofrecer más calidad de vida y ser más sostenibles? La crisis sanitaria ha hecho surgir una larga lista de necesidades sociales vinculadas a su diseño y a nuestro estilo de vida básicas para mejorar nuestro bienestar y nuestra capacidad de afrontar la emergencia climática o futuras pandemias.

[...]

Activista en una manifestación por negociaciones climáticas.

El mundo se ha volcado en la crisis sanitaria, pero cuando acabe, la emergencia climática seguirá ahí y no debemos ignorar sus consecuencias. Si queremos frenar el incremento de temperatura, el aumento de eventos meteorológicos extremos y la pérdida de biodiversidad, el mundo urbano debe pasar del gris al verde. [...]

Las actividades que más emisiones generan en ellas son el uso de energía residencial, la movilidad, el sistema alimentario y la gestión de residuos. Ante esta problemática, modelos como la ciudad de 15 minutos, el uso de energías renovables en edificios públicos, la mejora de la eficiencia energética en viviendas, fomentar el aprovisionamiento de alimentos de fuentes ecológicas y de cercanía, y los sistemas de residuo cero surgen como soluciones sistémicas para que sean más verdes.

[...]

RODRÍGUEZ, Alba García; CARRASCO, Adrián Fernández. Del gris al verde: las ciudades ante el cambio climático. *El país*, 30 nov. 2020. Disponible en: https://elpais.com/elpais/2020/11/23/seres_urbanos/1606145141_014874.html. Accedido el: 25 mar. 2021.

1 Según el texto, ¿por qué las ciudades deben ser más verdes?

2 En tu opinión, ¿qué relación hay entre el crecimiento de las ciudades y el aumento de los problemas ambientales?

3 ¿Cómo crees que los adolescentes pueden colaborar para vivir en una ciudad más sostenible?

Sigue explorando

Barrios con grafiti

Muchos centros urbanos se han convertido en grandes galerías públicas de arte. La pintura en *spray*, además del uso de pegatinas y pósteres, es una de las características más expresivas del arte callejero. Cada día, barrios de distintas zonas de España y Latinoamérica se llenan de formas y colores. Conoce dos rutas del grafiti:

Poblenou (Barcelona, España)

Poblenou es uno de los barrios más emblemáticos de Barcelona. Gracias a sus edificios abandonados y a antiguas fábricas, los artistas callejeros han encontrado ahí un excelente lugar para expresar su arte.

Comuna 13 (Medellín, Colombia)

La Comuna 13 es un barrio de Medellín internacionalmente reconocido por sus proyectos innovadores de urbanismo social, herramientas de transformación y revitalización de la comunidad.

Ahora, investiga otras rutas de arte urbano y elige el grafiti que más te llama la atención para presentarlo en clase:

- Busca información en Internet.
- Selecciona imágenes o videos del grafiti elegido.
- Organiza tu investigación en una presentación para compartir con tus compañeros.

Para explorar más

- INVASIÓN verde. Dirección: Gonzalo Rimoldi. Producción: Mr Manduvi. Argentina, 2018.

  En ese cortometraje, los vegetales cobran vida y atacan la ciudad en un mundo que abusa de los agroquímicos.

- RODRÍGUEZ, Ernesto. *Un día en Madrid*: un día, una ciudad, una historia. Barcelona: Difusión, 2017.

  Diane está en Madrid por primera vez y quiere conocer el Rastro, pero su novio, Tomás, ya ha programado otras actividades.

- VER-TAAL: La ciudad. Disponible en: www.ver-taal.com/voc_ciudad.htm. Accedido el: 25 mar. 2021.

  En ese sitio se presentan algunas actividades interactivas sobre los establecimientos de la ciudad.

UNIDAD 2

A COMER

- ¿Qué plato está representado en la fotografía?

- ¿Conoces otros platos típicos de España o de Hispanoamérica? ¿Cuáles?

- En tu opinión, ¿la alimentación hace parte de la cultura de un pueblo? ¿Por qué?

Una alimentación variada y completa permite que el cuerpo humano funcione con normalidad, pues cubre las necesidades biológicas básicas y reduce el riesgo de padecer de ciertas enfermedades. Además, la gastronomía es una de las manifestaciones culturales de un país. ¿Vamos a conocer un poco más de las comidas de los países hispanohablantes?

La paella de marisco es uno de los platos típicos españoles.

¿Cómo se dice?

1 Observa las imágenes y escucha los textos.

a. El **desayuno** es la comida de la mañana. Los nutricionistas la consideran la principal comida del día. Después de una noche de sueño, el cuerpo necesita reponer el combustible para funcionar durante la primera mitad del día. Un buen desayuno puede estar compuesto de leche, infusiones, como el té o el café, chocolates o cacao, yogur o queso, pan, galletas o bollos, algunos cereales, zumos y frutas frescas.

Lucía Sonia, baja y toma el desayuno, que está en la mesa. Hice el zumo de limón, manzana y miel, como te gusta.

Sonia No, mamá, no voy a desayunar porque no quiero llegar tarde al cole.

Lucía Pero no puedes empezar el día con el estómago vacío, debes tomar algo.

Sonia Bueno, entonces me tomo una taza de café con leche y unas galletas. ¿De acuerdo?

Lucía Vale, hija, pero llévate un yogur o una fruta por si tienes hambre.

b. El **almuerzo** es la comida del mediodía, en la que se suele comer verduras, legumbres, arroz o pasta, judías o lentejas, carne o pescado y, después, un postre, que puede ser una fruta o algún dulce. Se puede acompañar los alimentos con agua, zumo de frutas o refresco. A algunos les gusta muchísimo tomarse un café o un té después del postre.

Rubén ¿Qué te parece si vamos a comer a un restaurante?

Simone Me parece bien, así nos libramos un poco de la cocina. ¿Y si invitamos a tu hermana? Ella me habló de un nuevo restaurante muy bueno, que no es caro y sirve una gran variedad de comida.

Rubén De acuerdo. Nos pasamos por su casa. Y vosotros, chicos, ¿qué queréis comer?

Raúl Quiero comer pollo y patatas.

Miguel ¿Puedo pedir pasta, papá?

Rubén Sí, claro, puedes pedir lo que quieras.

c. La **merienda** es una comida ligera que se hace antes de la cena, a media tarde. Se puede comer un bocadillo, una tarta, una fruta… o tomar un vaso de leche con galletas.

Pedro	¿Ya son las cuatro de la tarde?
Renata	Sí, por eso tengo hambre.
Antonio	¿Queréis merendar en mi casa? Hay tarta de chocolate para la merienda.
Renata	¡Humm! ¡Tarta de chocolate! Me gusta mucho.
Antonio	¿Y a ti, te gusta, Pedro?
Pedro	No, lo siento. Prefiero pan, queso, mantequilla, tostadas… o alguna fruta.
Renata	Eso también me gusta.
Antonio	No os preocupéis, también debe de haber alguna de esas cosas.
Renata	Esa merienda no me la pierdo. Vamos, ¿a qué estamos esperando?

 d. La **cena** es la última comida del día, que se hace por la noche. Se toma algo ligero, como verduras, huevos, sopa, fruta, etc. Comer mucho a la hora de la cena y demasiado tarde puede dificultar la digestión y el sueño.

Julián	No hay nada para comer en casa. ¿Te apetece ir a un restaurante?
Marcos	No, hoy voy a cocinar. Después de un día duro de trabajo, ya sabes que la cocina me relaja. A ver que tenemos todavía en la nevera… Hay unas pocas patatas, carne, huevos, algo de verduras, tomate, cebolla… ¿Preparo una carne asada o una tortilla?
Julián	Prefiero la tortilla, que es más ligera. Te ayudo. Preparo una ensalada verde, con lechuga y espinacas. ¿Qué te parece?
Marcos	¡Estupendo! Mañana tenemos que ir al supermercado porque la despensa está casi vacía… No tenemos ajo… ni pimientos… ni perejil… y el aceite también se está acabando.
Julián	Vale, pero este mes te toca a ti hacer la compra, ¿te acuerdas? Y no te olvides de traer un paquete de azúcar y leche.
Marcos	Sí, hombre, eso ya está en la lista. Y ahora, a cocinar…

2 Relaciona las comidas del día.

a. el desayuno

b. el almuerzo

c. la merienda

d. la cena

○ La comida que se hace por la noche.

○ La comida ligera que se hace a media tarde.

○ La comida considerada la principal del día.

○ La comida que normalmente se hace al mediodía.

3 Señala **F** (falso) o **V** (verdadero).

a. ○ Comer mucho a la hora del almuerzo puede dificultar la digestión y el sueño.

b. ○ El desayuno es considerado la principal comida del día.

c. ○ Por la noche se toma algo ligero, como verduras, sopa, fruta, etc.

d. ○ La merienda es una comida ligera que se hace por la noche.

4 De acuerdo con lo que dijeron los personajes, relaciona.

a. Aquel día, prefiere hacer comida en casa.

b. Van a merendar a la casa del amigo.

c. Van a conocer un nuevo restaurante.

d. No quiere llegar tarde al colegio.

○ Rubén y su familia

○ Sonia

○ Pedro y Renata

○ Marcos

5 ¿Qué quiere comer cada personaje?

a. Pedro quiere _____

b. Sonia quiere _____

c. Renata _____

d. Raúl quiere _____

e. Julián _____

f. Miguel _____

6 ¿Cuáles son los horarios de las comidas en tu país? Escríbelos.

_____

_____

_____

_____

31

Los alimentos

1 Relaciona el nombre del alimento con la imagen correspondiente.

a. la zanahoria	d. la espinaca	g. la berenjena	j. la sandía	m. el plátano
b. la lechuga	e. el maíz	h. el perejil	k. la piña	n. la fresa
c. el garbanzo	f. la lenteja	i. el melocotón	l. el aguacate	ñ. el limón

2 Imagina que tienes que ir al supermercado y haz una lista de compras.

a. bebidas

b. condimentos

c. frutas

d. verduras y legumbres

e. variados

Pesos y medidas

1 Mira las fotos y completa los huecos con las expresiones de cantidad del recuadro.

> medio kilo   250 gramos   un kilo   un litro   una lata
> una botella   una docena   dos kilos   media docena

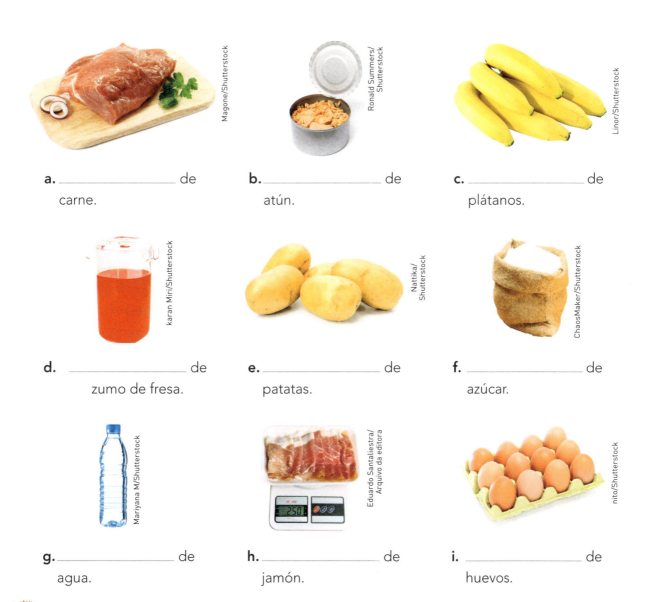

a. _____ de carne.

b. _____ de atún.

c. _____ de plátanos.

d. _____ de zumo de fresa.

e. _____ de patatas.

f. _____ de azúcar.

g. _____ de agua.

h. _____ de jamón.

i. _____ de huevos.

2 Observa los pesos y las medidas y completa la lista con nombres de alimentos. Si necesitas, utiliza un diccionario.

a. un kilo de _____

b. cien gramos de _____

c. una docena de _____

d. una lata de _____

e. un paquete de _____

f. un litro de _____

g. doscientos gramos de _____

h. una botella de _____

¿Ponemos la mesa?

1 Observa los objetos que están dispuestos en la mesa a continuación.

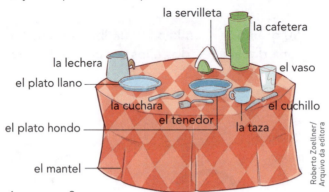

- ¿Qué usarías para...?

   a. cortar la carne

   b. tomar la sopa

   c. tomar café con leche

   d. limpiarte la boca

   e. beber un refresco

   f. echar la sopa

   g. cubrir la mesa

   ◯ el vaso

   ◯ el plato hondo

   ◯ el cuchillo

   ◯ la taza

   ◯ la cuchara

   ◯ el mantel

   ◯ la servilleta

2 Escucha el audio y completa el diálogo.

Graciela ¿Qué hora es?

Beatriz Son las ocho y media. Julio y Antonio están a punto de llegar.

Graciela ¡Tranquila! Van a llegar sobre las nueve. Tenemos tiempo suficiente para poner la mesa.

Beatriz ¿Qué te parece si ponemos el _____ estampado?

Graciela Sí, claro. Aquí están las _____ , los _____ hondos y _____ y los _____ .

Beatriz ¡Ah!, los _____ .

Después de un rato, suena el timbre y Beatriz abre la puerta.

Julio y Antonio ¡Hola! Buenas noches.

Antonio Toma, Beatriz, estas flores. ¿Tienes un florero?

Beatriz Sí, sí, hombre, gracias.

Julio ¡Pero qué bien huele la _____ !

Graciela ¡Ah!, pues hoy vais a comer la mejor paella del mundo.

¿Entiendes lo que oyes?

1 ¿Crees que la familia de la foto tiene una alimentación sana? ¿Por qué?

2 Marca los hábitos alimentarios que te parecen saludables.

- ◯ Beber mucha agua.
- ◯ Consumir jugos artificiales.
- ◯ Comer fritos.
- ◯ Comer pescado a menudo.
- ◯ Comer mucha verdura.
- ◯ Comer muchos dulces.
- ◯ Comer cereales y fibras.
- ◯ Tomar mucho café.
- ◯ Tener horarios para las comidas.
- ◯ Comer frutas variadas.

3 Escucha el audio sobre la importancia de la alimentación y relaciona las preguntas con lo que se contesta.

a. ¿Por qué comemos?

b. ¿Por qué son importantes los alimentos?

c. ¿Para qué desayunar?

d. ¿Cuál es la mejor manera de alimentarnos?

- ◯ Para prepararnos para realizar las tareas del día, como las actividades en la escuela o en el trabajo.
- ◯ De los alimentos retiramos las sustancias que sirven para producir energía y nutrir nuestro cuerpo.
- ◯ Cada persona necesita alimentarse según el clima y las actividades que realiza en su vida.
- ◯ Tenemos que pensar que nuestro cuerpo es como una máquina que necesita energía para funcionar.

4 Escucha el audio una vez más y completa los huecos de los fragmentos.

a. Caminar, _____, jugar, _____, pensar, _____, etc. son actividades que realizamos a diario y en las que nuestro cuerpo _____ energía. Para mantenernos sanos y _____ todas las funciones del _____, tenemos que recuperarla.

b. Es bueno empezar el día con un buen _____ o de zumo natural de _____, que tiene muchas vitaminas. Esto nos _____ y _____. Debemos tomar _____, yogur o queso blanco y a veces variar con _____ o _____.

5 De acuerdo con el texto, escribe **V** si la afirmación es verdadera o **F** si es falsa.

a. ( ) Aunque pasemos toda la noche durmiendo, nuestro cuerpo sigue funcionando.

b. ( ) Un buen desayuno no repone toda la energía perdida por la noche.

c. ( ) Los alimentos son el combustible necesario para que nuestro cuerpo funcione.

d. ( ) Cuanto más alimento se consume, mejor será el funcionamiento del cuerpo.

6 Ahora contesta a las preguntas.

a. ¿Qué tomas en el desayuno?
_____
_____

b. ¿Cuál es tu comida preferida?
_____
_____

c. ¿Qué te gusta tomar de postre?
_____
_____

d. ¿Te gustan las frutas? ¿Cuáles?
_____
_____

¿Qué sonido tiene y cómo se escribe?

La **m** y la **n**

1 ¿Se escribe con la **m** o con la **n**?

a. Escucha las palabras de abajo e intenta descubrir cómo se escriben.

- bere____je____a
- ga____bas
- ma____zana
- li____ó____
- ali____e____to
- legu____bres

- e____salada
- meló____
- ha____bre
- ta____bié____
- melocotó____
- ta____poco

- ja____ó____
- nara____ja
- lá____para
- sa____día

b. Antes de **p** y **b**, usamos la **m**. Elige dos ejemplos entre las palabras del ítem **a** para comprobarlo.

_____

c. En final de palabra, usamos la **n**. Elige dos ejemplos entre las palabras del ítem **a** para comprobarlo.

_____

> A diferencia del portugués, muchas palabras en español se escriben con la **n** al final: razó**n**, corazó**n**, canta**n**, etc. Sin embargo, hay algunas pocas palabras que terminan con la **m**: álbu**m**, íde**m**, currículu**m**, etc. Eso ocurre con las palabras que tienen su origen en otras lenguas. Fíjate también que algunas palabras se escriben con **nm**, como co**nm**igo, co**nm**emorar, i**nm**ensidad, e**nm**endar, etc. Otras se escriben con **mn**, como alu**mn**o, colu**mn**a, calu**mn**ia, etc.

2 Completa las palabras con la **m**, la **n** o con las dos letras.

a. corazó____
b. I____igrar
c. ca____sado
d. co____fu____dir
e. alu____o
f. ta____bié____
g. ho____bre
h. álbu____
i. co____bustible

3 ¿Vamos a ordenar las sílabas?

a. goticon _____
b. jadeban _____
c. nalumco _____
d. debanra _____
e. goconmi _____

f. nazaman _____
g. lanbuamcia _____
h. eplojem _____
i. jatelen _____
j. pocam _____

¿Vamos a leer?

1 ¿Conoces la gastronomía peruana? Mira tres platos típicos y señala cuál te gustaría probar.

Anticuchos.

Ají de gallina.

Mazamorra morada.

2 Lee la receta de un plato clásico peruano y verifica si te parece fácil prepararlo.

Receta de cebiche de Gastón Acurio

Ingredientes

- 1 kilo de filete de pescado; puede ser lisa, cojinova, viuda, cabrilla, lenguado, mero, tilapia, cualquier pescado con carne ligeramente firme de color rosado o blanco y sabor delicado.
- Sal
- 2 ajíes limo
- 2 cebollas rojas o moradas
- Pimienta blanca molida
- 20 limones
- Canchita (opcional)
- Camote (opcional)

Preparación

1. Cortamos el pescado en cubos medianos si los lomos son gruesos, o en filetes si son pequeños. Los sazonamos generosamente con sal. Mezclamos bien y dejamos reposar así 10 minutos.

2. Añadimos un ají limo picado en rodajas, a su vez cortadas en dos. Mezclamos con los trozos de pescado y dejamos reposar así 10 minutos.

3. Agregamos media cebolla roja cortada en tiras finas, previamente lavada. Una movidita y probamos el punto de sal. En este momento el pescado ya podría comerse así, crudito, como un sashimi. Si sentimos que le falta sal, le echamos un poquito más. También es momento de echarle pimienta blanca o molida.

4. Otra movidita y añadimos el jugo de 20 limones, que exprimimos uno a uno sobre el pescado, pero sin apretar demasiado. Solo hasta la mitad de cada limón. Con el resto hacemos una limonada. ¿Por qué así? Porque si exprimimos todo el limón, saldrá un sabor amargo de la piel blanca que arruinará todo el cebiche.

5. Mezclamos bien y dejamos que el limón cubra el pescado. Le echamos un hielito para que mantenga una temperatura fría y esperamos dos minutos.

6. Echamos otra cebolla cortada en juliana, otro ají limo picado, revolvemos y servimos. Pero antes debemos probar. Es importante entender que el cebiche es un plato ácido, salado, picante y refrescante, y ese punto de equilibrio de los cuatro no se puede explicar en una

receta, porque todos los limones, ajíes y pescado son distintos. Al mezclarse van cambiando de sabor todo el tiempo. Por ese motivo debemos probar siempre al comienzo, al medio y al final, buscando ese punto de acidez y ese picantito perfecto.

7. Acompáñelo con choclo, canchita, camote y listo. Se sirve en fuente y se come con cuchara.

GATICA, Loreto. Receta de cebiche de Gastón Acurio: pura sazón peruana para Semana Santa. *LTfinde*. 8 abr. 2020. Disponible en: https://finde.latercera.com/comer/receta-cebiche-gaston-acurio-cocina-peruana/. Accedido el: 27 mar. 2021.

Gastón Acurio nació en Lima, Perú, en 1967. Ese chef, escritor y empresario es considerado el más importante promotor de la gastronomía peruana. Gastón fue nombrado Embajador de Buena Voluntad por Unicef.

3 Lee las afirmaciones y señala **V** (verdadera) o **F** (falsa).

a. ◯ El cebiche peruano es un plato que se hace con pescado.

b. ◯ Esa receta no lleva mucho limón.

c. ◯ El cebiche es un plato que se prepara en 10 minutos.

d. ◯ El punto de sal se prueba al final de la preparación.

4 Contesta a las preguntas según el texto.

a. ¿Qué características de sabor tiene el cebiche?

_____

b. ¿Por qué no se recomienda apretar mucho los limones?

_____
_____

c. ¿Te parece el cebiche un plato fácil de preparar? ¿Por qué?

_____
_____

5 Identifica los acompañamientos del cebiche clásico.

a. choclo   b. canchita   c. camote

6 Lee los fragmentos del texto y marca qué significan los verbos destacados.

a. "**Añadimos** un ají limo picado en rodajas [...]."

○ mezclamos ○ separamos ○ agregamos

b. "**Echamos** otra cebolla cortada en juliana [...]"

○ ponemos ○ enfriamos ○ cortamos

7 Busca en el texto las formas de verbos que se utilizaron en la receta para dar instrucciones.

Infinitivo	Instrucción
cortar	cortamos
mezclar	
dejar	
añadir	
agregar	

Infinitivo	Instrucción
probar	
echar	
exprimir	
revolver	
servir	

8 Busca una receta rápida de un plato típico de España o Hispanoamérica y explica cómo lo podemos preparar.

Plato:

Ingredientes

Preparación

Las **recetas de cocina** son textos instructivos que tienen como objetivo orientar al lector en la preparación de algún plato o alimento. Está organizada en dos partes: una lista con los ingredientes y las orientaciones de preparación.

¿Cómo funciona?

Muy y mucho

1 Denise quiere escribir un correo electrónico para un amigo, pero no sabe cuándo debe usar **muy** o **mucho**. Vamos a ayudarla eligiendo una de las dos formas.

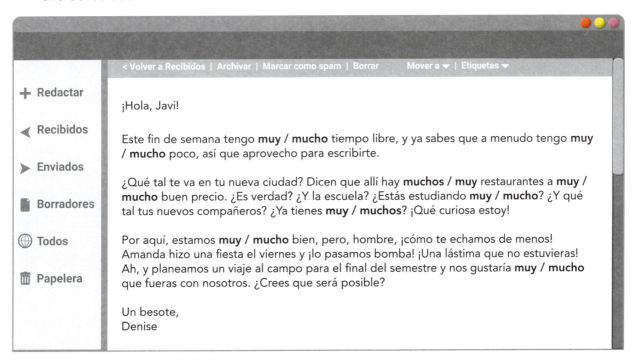

¡Hola, Javi!

Este fin de semana tengo **muy / mucho** tiempo libre, y ya sabes que a menudo tengo **muy / mucho** poco, así que aprovecho para escribirte.

¿Qué tal te va en tu nueva ciudad? Dicen que allí hay **muchos / muy** restaurantes a **muy / mucho** buen precio. ¿Es verdad? ¿Y la escuela? ¿Estás estudiando **muy / mucho**? ¿Y qué tal tus nuevos compañeros? ¿Ya tienes **muy / muchos**? ¡Qué curiosa estoy!

Por aquí, estamos **muy / mucho** bien, pero, hombre, ¡cómo te echamos de menos! Amanda hizo una fiesta el viernes y ¡lo pasamos bomba! ¡Una lástima que no estuvieras! Ah, y planeamos un viaje al campo para el final del semestre y nos gustaría **muy / mucho** que fueras con nosotros. ¿Crees que será posible?

Un besote,
Denise

2 Escucha el texto y completa los huecos con **muy**, **mucho**, **mucha**, **muchos** o **muchas**.

Estudiantes hacen una encuesta entre ellos para descubrir sus gustos y afinidades. Vamos a conocer un poco de esos estudiantes.

- Manolo tiene 15 años y se interesa _____ por hacer cuentas y manejar _____ bien el dinero.

- Helena tiene 13 años y es _____ dedicada a los estudios. Le gusta _____ el ordenador, se pasa _____ horas buscando cosas en Internet y haciendo sus trabajos de escuela.

- Gustavo tiene 14 años. Desde pequeño convive con _____ animales. Tiene dos perros y tres gatos, y es _____ atento con sus mascotas.

- Lucia tiene 15 años y le gustaría ser enfermera. Dice que tiene _____ paciencia, ganas y vocación, los atributos necesarios para ser una buena enfermera. Su deseo es trabajar en un hospital y esforzarse _____.

- Fernando tiene 16 años, le gusta la naturaleza y es _____ aficionado a la práctica de deportes. Dice que le gustaría _____ ser deportista o profesor.

- Julio tiene 17 años, es estudiante y se prepara para entrar en la universidad con _____ empeño. Le falta _____ poco tiempo para realizar su sueño.

3 Ahora completa los fragmentos extraídos del texto anterior con **muy**, **mucho(s)** o **mucha(s)**. Después, concluye las explicaciones.

a. Con los adverbios:
- [...] manejar _____ **bien** el dinero.
- Le falta _____ **poco** tiempo [...]

Usamos _____ con _____ y _____.

b. Con los adjetivos:
- [...] es _____ **dedicada** a los estudios.
- [...] es _____ **atento** con sus mascotas.

c. Con los verbos:
- [...] se **interesa** _____ [...]
- Le **gusta** _____ [...]

Usamos _____ con _____.

d. Con los sustantivos:
- [...] se pasa _____ **horas** buscando [...]
- [...] convive con _____ **animales**.
- [...] tiene _____ **paciencia** [...]
- [...] entrar a la universidad con _____ **empeño**.

Usamos _____ _____ y _____ con _____.

> ¡Atención a las excepciones! Se usa **mucho** antes de:
> - los adjetivos **mejor**, **peor**, **mayor** y **menor**: mucho mejor; mucho peor; mucho mayor; mucho menor.
> - los adverbios **más**, **menos**, **antes** y **después**: mucho más; mucho menos; mucho antes; mucho después.

Verbos irregulares de la segunda conjugación en presente de indicativo

1 Lee el diálogo y observa las palabras en destaque. Después rellena la tabla.

	Cambia (e → ie)	**Cambia (o → ue)**
(yo)	quier	pued
(tú)	quier	pued
(usted)	quier	pued
(él / ella)	quier	pued
(nosotros/as)	quer	pod
(vosotros/as)	quer	pod
(ustedes)	quier	pued
(ellos / ellas)	quier	pued

43

2 Descubre nueve verbos en la sopa de letras y utilízalos para completar el diálogo siguiente.

```
T E V Y D A N T I A
E Q U I E R O O N T
P A E L V T E R T I
R I L Z U E S A I E
E N V U E L V O E N
S T O I L C O N N D
U L T R V V S O E O
E N T I E N D E S F
L P A I S E N T A E
V E L E F A N T E L
O S P U E D O N S I
```

En la tienda de alimentos:

Joven — Por favor, _____ una lata de atún.

Dependiente — Un momento que ya _____ .

Después de algunos minutos...

Dependiente — Aquí _____ tu lata de sardinas.

Joven — No, ¿no me _____? Quiero una lata de atún.

Dependiente — Ah, perdona. Es que _____ a muchas personas al mismo tiempo y me hago un lío. ¿Me _____ la lata de sardinas? Ya _____ tu problema.

Joven — No hay problema.

Dependiente — Aquí tienes tu lata de atún. ¿Te la _____ ?

Joven — Sí, por favor. ¿Cuánto es?

Dependiente — Espera que voy a ver el precio. Hoy estoy solo y no _____ hacerlo todo a la vez.

Joven — Vale.

3 Ordena las frases conjugando los verbos según convenga.

a. tomates. / y / favor, / aceitunas / Por / un / un / de / **querer** / de / tarro / kilo

b. **disolver** / gelatina / agua / La / se / en / caliente.

c. dieta / idea / buena / una / nutricionistas / Los / la / **defender** / de / alimenticia.

d. escuela / las / para / **volver** / Ellos / de / a / doce / la / comer.

4 Completa el texto con los verbos indicados en primera persona de singular en presente de indicativo.

_____ (**tener**) quince años y _____ (**querer**) ser deportista. _____ (**entender**) que _____ (**poder**) realizar mi sueño, porque todo depende de mi esfuerzo. Por eso no _____ (**perder**) tiempo. _____ (**procurar**) hacer muchos ejercicios y tener una buena alimentación. Cuando _____ (**cansarse**), _____ (**parar**) un poco, _____ (**tenderse**) en el sofá y _____ (**encender**) la televisión, pero después de un rato _____ (**volver**) a practicar. _____ (**atender**) a mis compromisos de la escuela y nunca _____ (**dejar**) de ir a las clases o de hacer mis deberes. _____ (**considerarse**) una persona feliz.

5 Ahora reescribe el texto con los verbos en tercera persona de singular.

45

¿Vamos a producir?

El menú

El **menú**, también conocido como la **carta**, es una lista de opciones de platos que un restaurante o cafetería ofrece a sus clientes.

Ese material puede organizarse considerando la secuencia de platos: entrada (o primer plato), plato principal (o segundo plato), postre y bebidas. Otra opción bastante común es la organización por tipo de plato o tipo de cocinado: carne, pasta, pollo, pescado, etc. Además de eso, los menús informan los precios de cada plato y pueden contener una pequeña descripción de los ingredientes que llevan. Algunos restaurantes presentan una opción a precio único de platos combinados, también conocida como **menú del día**.

Observa un ejemplo de menú del día:

Ahora, produce un menú del día para un restaurante de un país hispanohablante.

Preparación

1. Elige un país hispanohablante y enumera los platos típicos, teniendo en cuenta la secuencia de platos.

País:	
Entradas	**Plato principal**
Postres	**Bebidas**

2. Decide qué platos formarán parte de tu menú.
3. Elige un nombre para tu restaurante.

Producción

1. Selecciona imágenes de los platos elegidos para la composición visual del menú.
2. Organiza el esquema visual del material y decide los precios de cada plato o del menú del día.
3. Escribe el borrador con la información de cada plato: nombre del plato y el precio en la moneda del país elegido.

Revisión

1. En parejas: elige a un compañero para que intercambien las producciones.
2. Revisa el menú de tu compañero. Fíjate en la presentación visual del menú, verifica la disposición de la información de los platos y deja comentarios señalando las correcciones necesarias.
3. Devuelve el menú a tu compañero y recibe tu menú revisado por él.
4. Vuelve a leer la información de tu menú, evalúa los comentarios de tu compañero y haz las correcciones necesarias.

Versión final

1. Crea el menú definitivo con los platos elegidos. Fíjate en los elementos obligatorios: la identidad visual, el nombre del restaurante, la secuencia de platos y el precio.
2. Presenta tu menú a tus compañeros y a tu profesor.

¡Entérate!

La alimentación en la pandemia

Una dieta sana, variada y rica en nutrientes siempre ha sido importante en la prevención de la desnutrición y en el combate a muchas enfermedades. Las restricciones sociales provocadas por la pandemia del covid-19 nos exigen cada vez más atención a la forma como nos alimentamos. ¿Qué cuidados alimentarios te parecen importantes durante la cuarentena? Lee el texto para enterarte de ese tema.

¿Cómo debemos alimentarnos durante la pandemia?

Por Alberto Cormillot
25 de marzo de 2021

En esta de época de incertidumbre, miedo y cuidados que debemos implementar en nuestra vida debido a la irrupción del nuevo coronavirus en todo el mundo, que desde hace más de un año se transformó en pandemia, es necesario focalizarnos en nuestro bienestar [...].

Y yendo estrictamente a lo alimenticio, lo primero que uno debe hacer es planificar bien las compras y elegir alimentos y bebidas saludables. [...]

También es importante medir bien la cantidad que vas a comer y hacerlo despacio, masticando cada bocado. Se recomienda consumir frutas y verduras enteras, pues harán sentir más satisfecho, que si se ingiere en jugos y purés.

La base de la dieta mediterránea está en un gran consumo de vegetales y moderado de alimentos de origen animal, junto a la eliminación de alimentos precocinados y de comida rápida.

Jamás hay que comer delante de la televisión, computadora o algún otro aparato electrónico. "Si no prestamos atención a lo que comemos porque estamos distraídos, entonces el cerebro no lo procesa, no nos sentimos tan llenos y en consecuencia comemos más calorías tanto en el momento, como más tarde en el día", dijo Jane Ogden de la Universidad de Surrey, en Reino Unido.

[...]

CORMILLOT, Alberto. ¿Cómo debemos alimentarnos durante la pandemia? *Infobae*, 25 mar. 2021. Disponible en: www.infobae.com/america/tendencias-america/2021/03/25/como-debemos-alimentarnos-durante-la-pandemia/. Accedido el: 13 abr. 2021.

---

1 Según el texto, ¿qué es lo primero que se recomienda hacer para tener una buena alimentación?

2 Para Jane Ogden, ¿por qué no se debe comer delante de los dispositivos electrónicos?

3 ¿Cómo crees que los adolescentes pueden mejorar su patrón alimentario?

Sigue explorando

Los minichefs

Los programas de cocina desde siempre han tenido mucha importancia, no solo por ampliar nuestros conocimientos sobre salud y nutrición, sino también por contribuir en la divulgación de la cultura gastronómica de distintos países. En España y en Latinoamérica, cada día crece el número de programas que invitan a los niños a probar de esa maravillosa experiencia que es aprender a cocinar. Conoce dos de esos programas.

MasterChef Junior España

En su 8ª temporada, la exitosa versión junior del programa gastronómico MasterChef busca entre sus aspirantes a chef de cocina al mejor cocinero *amateur* infantil de España.

Food Hunters Latinoamérica

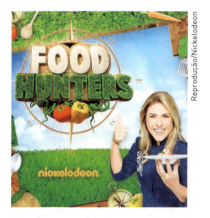

Este fue un *reality show* gastronómico presentado por la exitosa chef venezolana Lorena García. En el programa, ocho participantes tienen que colectar los ingredientes y utilizar la creatividad a la hora de cocinarlos.

Ahora, investiga otros programas culinarios infantiles de España o de Latinoamérica y elige el que más te gusta para presentarlo en clase.

- Busca información en Internet.
- Selecciona imágenes, audios y/o videos de ese programa.
- Organiza tu investigación en una presentación para compartir con tus compañeros.

Para explorar más

- STREET Food Latinoamérica. Dirección: Tamara Rosenfeld y Daniel Milder. Producción: Netflix. Uruguay y Colombia, 2019.

  Serie documental en la que chefs latinos cuentan sus historias y la relación entre la tradición y la innovación culinaria.

- VIDAL, Nesa Sadigui; RUIZ, Daniel Hernández. Vocabulario de las comidas y bebidas: nivel A1. *Profe de ELE*, 23 sep. 2020. Disponible en: www.profedeele.es/actividad/vocabulario/comidas-bebidas-a1/. Accedido el: 25 mar. 2021.

  Actividad interactiva para aprender y ampliar el vocabulario de comidas y bebidas.

UNIDAD 3

DEPORTE SIN FRONTERAS

- ¿Qué deporte está representado en la imagen? ¿Qué sabes sobre ese deporte?

- ¿Conoces otros deportes colectivos? ¿Cuáles?

- En tu opinión, ¿qué beneficios aportan los deportes colectivos a las personas?

El deporte desarrolla un buen estado físico y transmite al ser humano valores importantes como la disciplina, el trabajo en equipo, la solidaridad y el compañerismo. ¿Vamos a conocer un poco más de los deportes y sus protagonistas en los países hispanohablantes?

Juego de la selección española de baloncesto masculino, campeona de la Copa Mundial de Baloncesto de 2019, en China.

¿Cómo se dice?

1 Observa las imágenes y escucha la grabación.

Los Juegos Olímpicos

Las Olimpíadas que conocemos hoy son un resurgimiento de los juegos celebrados por los griegos en la Antigüedad. El francés Pierre de Coubertin, incentivado por los ideales deportivos de la Grecia antigua, creó la primera Olimpíada de los Juegos Modernos, que se realizó en Atenas, Grecia, en 1896.

Consideradas el más fantástico e importante evento deportivo de la humanidad, las Olimpíadas se realizan en sus dos modalidades: Juegos Olímpicos de Verano, a cada cuatro años, y Juegos Olímpicos de Invierno, a cada cuatro años también, con un intervalo de dos años entre uno y otro.

Los mejores atletas de todo el mundo compiten representando más de un centenar de países en varias disciplinas. Los ganadores reciben medallas: oro para el primer lugar, plata para el segundo y bronce para el tercero. Esta tradición se inició en los Juegos Olímpicos de París, en 1900; en los primeros juegos, en Atenas, solo se entregaban dos medallas: plata al ganador y bronce al segundo.

Los comités olímpicos

Existen dos comités olímpicos. El Comité Olímpico Nacional (CON), que selecciona a los competidores para representar a su país, y el Comité Olímpico Internacional (COI), con sede en Lausana, en Suiza, que tiene la responsabilidad de coordinar, supervisar, administrar y seleccionar las ciudades que serán sede de los juegos.

La ceremonia olímpica

Siempre se abre el desfile con la entrada del equipo griego, seguido de los países participantes, y se cierra con los atletas del país organizador. Enseguida se canta el himno olímpico y se iza la bandera de los juegos. A continuación, entra el atleta portador de la antorcha olímpica, encendida en Olimpia, Grecia. La llama representa el aviso a todos los atletas del mundo de que los juegos van a empezar. La ceremonia termina cuando se sueltan las palomas, simbolizando la paz, que es el espíritu de los juegos.

El juramento

En la ceremonia inaugural, un competidor del país anfitrión, sosteniendo en la mano izquierda un borde de la bandera olímpica y levantando la mano derecha, jura cumplir las reglamentaciones de la competición en nombre de todos los atletas.

A continuación, un juez del país anfitrión se subirá al estrado y, de la misma manera, representando a los jueces y miembros del personal oficial, prestará el juramento prometiendo cumplir los reglamentos con auténtico espíritu deportivo. Entonces se interpretará o entonará el himno nacional del país anfitrión.

La bandera

La bandera olímpica tiene el fondo blanco y cinco aros entrelazados, que representan la unión de los cinco continentes. El amarillo simboliza Asia; el azul, Europa; el negro, África; el verde, Oceanía; y el rojo, América.

Fuente de la información: COMITÉ Olímpico Internacional (COI). *Carta Olímpica*. Disponible en: www.um.es/documents/933331/0/CartaOlimpica.pdf/8c3b36b2-11a2-4a77-876a-41ae33c4a02b. Accedido el: 9 abr. 2021.

2 Observa las imágenes y escribe las palabras del recuadro donde corresponda.

> disciplina   afán de superación   ética y solidaridad
> trabajo en equipo   amistad y compañerismo

a.
b.
c.

d.
e.
f.

3 Escribe **V** si la afirmación es verdadera o **F** si es falsa.

a. ◯ En la actualidad, los Juegos Olímpicos se basan en los ideales deportivos de la Grecia antigua.

b. ◯ El Comité Olímpico Internacional selecciona a los competidores para representar a su país.

c. ◯ El Comité Olímpico Nacional elige la ciudad que será sede de los Juegos Olímpicos.

d. ◯ El equipo griego abre el desfile olímpico y el equipo del país organizador lo cierra.

e. ◯ La bandera de los Juegos Olímpicos, con los cinco aros entrelazados, representa la unión de los cinco continentes.

Los deportes

1 Relaciona las imágenes con los deportes.

a. Atletismo:

1. el salto con pértiga
2. el salto de longitud
3. la carrera de relevos
4. la carrera de vallas / obstáculos
5. el lanzamiento de bala/peso

b. Gimnasia:

1. acrobática o de trampolín
2. artística
3. rítmica

c. Deportes de pelota:

1. el baloncesto
2. el fútbol
3. el voleibol / el balonvolea
4. el balonmano
5. el tenis

d. Deportes acuáticos:

1. la natación
2. la vela
3. el remo

2 Ahora contesta a las preguntas.

a. ¿Cuáles son los deportes de los Juegos Olímpicos que prefieres?

b. ¿Cuáles son los deportes del atletismo? ¿Conoces a algún atleta? ¿Cuál?

c. En tu opinión, ¿cuál es el / la mejor deportista en la actualidad?

d. ¿Qué famosa carrera se realiza en Brasil el 31 de diciembre?

Los numerales

Los ordinales			
1.°	primero	6.°	sexto
2.°	segundo	7.°	séptimo
3.°	tercero	8.°	octavo
4.°	cuarto	9.°	noveno
5.°	quinto	10.°	décimo

En español, es corriente usar los ordinales hasta el décimo; para números más altos, se usan los cardinales.
Primero y **tercero** se apocopan (pierden la **-o**) antes de sustantivo masculino singular.
Ejemplos: Julio vive en el **primer** piso.; Antonio fue el **tercer** colocado de la lista.
Cuando nos referimos al primer día del mes, es usual utilizar **uno** en lugar de primero. Ejemplo: Hoy es **uno** de enero.
Los numerales romanos son **ordinales**, pero **a partir del XI** se leen como **cardinales**. Ejemplos: siglo VI (sexto); siglo XX (veinte); Alfonso X (Décimo); Alfonso XIII (Trece).

Fraccionarios	Cantidades	Medidas
1/2	medio(a) / la mitad	medio litro de agua / medio kilo de arroz medio metro de tela de algodón
1/3	un tercio	
1/4	un cuarto	un cuarto de kilo de arroz un cuarto de litro de agua
1/5	un quinto	
1/6	un sexto	
1/7	un séptimo	
1/8	un octavo	
1/9	un noveno	
1/10	un décimo	un kilómetro

Los multiplicativos más usuales
simple
doble
triple
cuádruple
quíntuple
múltiple

Palabras como **decena**, **docena**, **centena**, **quincena**, **cuarentena**, **bienio**, **década** y **siglo** están formadas a partir de los numerales.

1 Completa con los numerales indicados en los paréntesis.

   a. Septiembre es el _____ (**9.º**) mes del año.

   b. El boxeador tiene que perder _____ (**1/2**) kilo para cambiar de categoría.

   c. Nuestro equipo se colocó en _____ (**3.º**) lugar.

   d. El club ha comprado una _____ (**12**) de balones.

   e. El _____ (**1**) de agosto empieza el mundial de natación.

   f. Tenemos el _____ (**2 veces**) de victorias que el actual campeón.

   g. Los hinchas ocuparon solo _____ (**1/2**) del estadio.

   h. Hace _____ (**100 años**) que murió el atleta.

   i. Los chilenos ocuparon _____ (**1/4**) de la cancha.

¿Entiendes lo que oyes?

1 Escucha el texto y completa los huecos con las palabras que faltan.

¿Te atreves?

¡Mochilas a cuestas y a la aventura!

Si te _____ hacer deporte, pero buscas nuevas sensaciones, _____ disfrutar de los _____ conocidos como "de aventura". Además de pasártelo bien, estarás en contacto con la _____ y podrás quemar tu adrenalina.

Los _____ de aventura son modalidades derivadas de deportes _____, pero con _____ formas, técnicas y _____ o materiales. Hoy día estos deportes tienen _____ éxito, ya que proporcionan _____ emociones y generan un grado de relajación o bienestar.

Existen muchos deportes de aventura. _____ se practican en el agua, otros en el _____ o también en la _____. A continuación, te resumimos las características de algunos deportes.

El ala delta es _____ deporte que consiste en _____. Se utiliza una aeronave del mismo _____ que está compuesta por una estructura y un trozo de tela. La _____ que la pilota está sujeta a la aeronave. Para _____, se debe situar en una montaña o colina y después lanzarse al vacío. Para hacer este deporte, además de la aeronave, también son necesarios el casco, ropa de abrigo, gafas y un paracaídas.

El surf es una práctica deportiva que se realiza en el _____ y que necesita muchos años de entrenamiento. _____ los últimos tiempos ha ido adquiriendo importancia, y cada vez más personas _____ este deporte. En _____ casos, incluso el surf está considerado como una forma de entender _____ vida. En el surf se utiliza _____ tabla para "cabalgar" entre _____ olas. Se aprovecha el impulso de las olas para _____ a la orilla.

El rapel consiste en bajar la _____ que antes se ha escalado. Cabe mencionar que también se _____ hacer rapel directamente, sin antes haberse subido a ninguna pared. Para _____ este deporte, se debe soltar las manos y, mediante la ayuda de las piernas y la cuerda, ir bajando por la pared.

La tirolina es un deporte que _____ persona puede practicar. Es una _____ divertida y sin muchos riesgos _____ que se desliza desde _____ cuerda.

Para ello, _____ necesario que la cuerda esté anclada en dos puntos de diferentes niveles.

El *mountain bike*, o la bicicleta de montaña, es un deporte relativamente _____, ya que, hasta hace pocos _____, no existían las bicicletas de montaña (vehículos que _____ preparados para andar en terrenos difíciles). La bicicleta de montaña ofrece la _____ de combinar deporte, turismo _____ naturaleza. Cuando se practica este deporte, además de contar _____ una bicicleta, es indispensable utilizar un casco y llevar un _____ kit de reparación para la bicicleta.

Texto elaborado especialmente para esta obra.

2 Ahora, contesta oralmente a las preguntas.

a. Los deportes presentados en el texto son llamados "de aventura". ¿Qué características tienen que los asocian a aventura?

b. ¿Practicas algún deporte? ¿Cuál(es)?

c. De todos los deportes, ¿cuál prefieres y cuál no te gusta mucho?

d. ¿Te gustan los deportes de aventura?

e. ¿Cuál de los deportes presentados en el texto te gustaría practicar? ¿Por qué?

¿Qué sonido tiene y cómo se escribe?

La r y la rr

1 Escucha y observa las palabras que se escriben con **r** o **rr**.

¡Arre, arre por la carretera!
¡Arre, mi burrito!, decía Ramón.
El burrito se paró para comer berros,
y un perro, que estaba alrededor, se los robó.
El burro lanzó un rebuzno,
el perro se enredó y al barro cayó.

TRABALENGUAS para niños. El Huevo de Chocolate. Disponible en: www.elhuevodechocolate.com/trabale/traba20.htm. Accedido el: 4 abr. 2021.

2 Pasa al cuadro las palabras con **r** y **rr**. Usa las columnas según convenga.

R y rr con sonido fuerte	R con sonido suave

3 Ahora, observa el cuadro de la actividad anterior y completa los ejemplos con palabras del texto de la actividad 1.

a. La **rr** siempre tiene sonido **fuerte** y solo aparece entre vocales. Ejemplos: _____.

b. La **r** tiene sonido **suave** cuando aparece:

- entre vocales. Ejemplos: _____.
- en final de sílaba. Ejemplos: carta, _____.

c. La **r** tiene sonido **fuerte** cuando aparece:

- al principio de palabra. Ejemplos: _____.
- después de las consonantes **s**, **l** y **n**. Ejemplos: Israel, _____.

> Solo las consonantes **c**, **r**, **l** y **n** se pueden encontrar escritas dos veces seguidas. Ejemplos: colección, tierra, calle, innecesario.

4 Escucha el audio y completa el texto con **r** o **rr**.

¿Qué son las carreras de velocidad?

En las competencias de pista y campo, la ca____era de velocidad es una competencia de ca____era con distancias p____edete____minadas de 60, 100, 200 y 400 metros en pista y campo. Las ca____eras de más de 300 metros también son muy frecuentes y, en casos excepcionales, se ____ealizan a ot____as distancias utilizando ot____os sistemas de medición. Los participantes de estos ejercicios se autodenominan velocistas.

En este tipo de competición, los atletas pa____ten semi-integrados en unos sopo____tes fijados en la pista llamados tacos, po____ lo que los co____edores ti____an p____esionando sus pies sob____e los tacos de salida. [...] Al momento del dispa____o de salida, los depo____tistas se ponen en la pista y co____en hasta la meta a la máxima velocidad, donde una salida ____ápida es más que fundamental pa____a un ____esultado óptimo en la ca____era.

[...]

REGLAS de carrera de velocidad: ¿Qué es este deporte y cuál es su reglamento? *Marca Claro*, 28 ene. 2021. Disponible en: www.marca.com/claro-mx/otros-deportes/2021/01/29/60136b9a46163f39408b45e4.html. Accedido el: 15 abr. 2021.

5 En algunos casos, el uso de la **r** o **rr** cambia el significado de las palabras. Consulta el diccionario y relaciona los pares de palabras con sus significados.

a. caro ○ Vehículo o armazón con ruedas.
b. carro ○ Que cuesta mucho dinero.
c. coro ○ Verbo **correr**, 1.ª persona de singular, presente de indicativo.
d. corro ○ Conjunto de voces simultâneas.
e. pero ○ Conjunción usada para contraponer una idea.
f. perro ○ Animal doméstico canino.
g. cerro ○ Número que no expresa ningún valor.
h. cero ○ Elevación de tierra más baja que la montaña.

6 Completa con **r** o **rr**, teniendo en cuenta el significado de las palabras.

a. Algunas terapias utilizan pe____os y otros animales para ayudar en nuestra recuperación.
b. A uno de los competidores le pusieron ce____o en su presentación.
c. Me gustaría ver el partido, pe____o no sé dónde lo van a trasmitir.
d. Todos los días co____o 4 km para mantenerme en forma.

¿Vamos a leer?

1 ¿Qué sentidos utilizan los hinchas cuando asisten a un partido de fútbol en el estadio? Mira las palabras y habla con tu compañero.

olfato   paladar   visión   audición   tacto

2 Ahora lee el fragmento de la crónica e identifica cuáles sentidos, según el autor, se exigen al ver un partido.

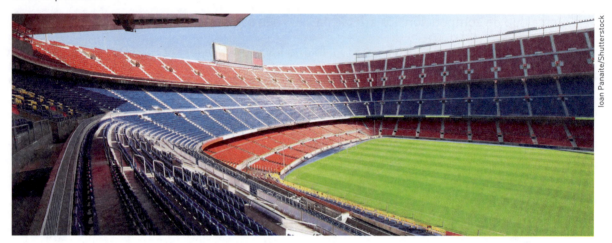

Oler

Las crónicas ya no huelen a campo de fútbol sino a laboratorio; los periodistas son analistas y especialistas

Ramon Besa
12 jun. 2020

Añoro el Camp Nou. Necesito sentir el fútbol y por tanto no me conforma ver los partidos por televisión, y menos cuando juega el Barça —hoy reaparece en Mallorca y el martes recibe al Leganés. Nunca asocié el juego a un espectáculo únicamente visual, sino a un ritual que exige, igualmente del oído, el gusto, el tacto, el olfato y de los ojos propios, que no son precisamente los del realizador, por más devoto que sea de profesionales excelentes como Óscar Lago, Xavier Garasa o Víctor Santamaría. Yo quería ser cronista para poder ir al campo, no para escribir desde casa o la redacción, y también para que un día figuraran junto a la firma dos palabras: enviado especial; ni que fuera a Zaragoza o a Valencia.

Los que viajan son cada vez menos y las crónicas ya no huelen a campo de fútbol, sino a laboratorio porque los periodistas nos hemos convertido en analistas y especialistas, escrutadores de imágenes, datos y declaraciones, más pendientes de la pantalla que del césped, igual que los jugadores piensan más en cómo celebrar los goles que en marcarlos. Atrapados por la prisa y cegados por la televisión, se nos pide además que visualicemos el mañana, tal que fuéramos hombres del tiempo, sin reparar en el hoy y seguir el ejemplo de aquellos maestros que nos llevaban de la mano al estadio por cómo nos contaban el partido.

[...]

BESA, Ramón. Oler. *El País*, 12 jun. 2020. Disponible en: https://elpais.com/espana/catalunya/2020-06-12/oler.html. Accedido el: 13 jun. 2021.

3 Marca **V** si la afirmación es verdadera o **F** si es falsa.

a. ◯ El cronista recuerda con pena el estadio de Barcelona, el Camp Nou.

b. ◯ Para él, el espectáculo del fútbol es solo una experiencia visual.

c. ◯ El periodista quería ser cronista para trabajar desde la redacción.

d. ◯ Los periodistas viajan cada vez menos a asistir a los partidos.

e. ◯ Se les pide a los periodistas que hagan el pronóstico del tiempo.

4 Contesta a las preguntas.

a. ¿A qué sentido está asociado el título de la crónica?
_____

b. ¿De qué se queja el cronista?
_____
_____
_____
_____

c. Según el autor, ¿en qué se han convertido los periodistas en los tiempos de pandemia?
_____
_____
_____
_____

5 Vuelve a leer la crónica y relaciona las palabras con su significado.

a. enviado especial   c. pantalla

b. redacción   d. césped

◯ Terreno de juego cubierto de hierba.

◯ Oficina donde trabajan los redactores o periodistas.

◯ Superficie de aparatos electrónicos donde aparecen las imágenes.

◯ Periodista que se desplaza al lugar de la noticia.

> La **crónica** es un género literario de estilo y temática libres que registra acontecimientos del cotidiano. Bastante difundido en los periódicos, ese género trata de diferentes temas, como arte, cultura y política. La **crónica deportiva** narra e informa los acontecimientos del mundo de los deportes.

¿Cómo funciona?

Apócope

1 Escucha el diálogo y observa las palabras en destaque.

Juan: Hola María, ¡buen día! ¿Quieres ir a ver **algún** partido conmigo en el club de mi barrio? Te doy **un** billete.

María: Sí, pero ¿qué partidos hay?

Juan: **Uno** de baloncesto y otro de tenis.

María: ¡Qué fantástico! Me encanta el baloncesto. ¿Y cuándo será?

Juan: Será el **primer** juego del próximo viernes. A las ocho de la noche. ¿Tienes alguna cita?

María: No, no tengo **ninguna**, pero puede ser que tenga algún quehacer en casa. Voy a ver. **Cualquier** cosa te lo digo.

Juan: Bueno, si no tienes **ningún** quehacer, vamos a divertirnos.

María: ¡Ah!, claro, me imagino qué partido emocionante de baloncesto vamos a ver.

Juan: Sí, en este club juegan muy buenos jugadores. Entre todos, Javier es el único que juega mal. Hace trampas y jugadas peligrosas, es un tipo malo.

María: ¡Ah, sí! Aparte en la tele dijeron que tiene muy mal humor.

Juan: Por suerte está Martín, que es un **buen** jugador y siempre da un espectáculo en la cancha.

María: Ni hablar. Solo de pensar ya me pongo ansiosa. Vale, me voy y nos vemos pronto.

Juan: Sí, ¡hasta luego!

> **Apócope** es la pérdida de la última sílaba o letra de una palabra.

2 Pasa al cuadro las palabras destacadas en el texto anterior.

Forma normal	Forma reducida	Palabra(s) a que se refiere(n) la(s) forma(s)
		billete / partido
alguna		cita / partido
		cita / quehacer
	buen	jugador
		tipo / humor
primero		juego
cualquiera		cosa

Se apocopan (reducen) esas palabras cuando vienen inmediatamente antes de un sustantivo masculino singular: **algún** amigo (pero **alguna** amiga); **buen** día (pero **buenos** días); **tercer** alumno (pero alumno **tercero**).
Las palabras **grande** y **cualquiera** se apocopan antes de cualquier sustantivo singular (masculino o femenino): **gran** hombre, **gran** mujer, **cualquier** persona, **cualquier** niño.
La palabra **santo** solo se apocopa delante de nombres propios: **San** Juan, **San** Pedro (pero **santo** hombre, hombre santo). Fíjate en las excepciones: Santo Tomás, Santo Tomé, Santo Toribio, Santo Domingo.

3 Elige la expresión adecuada y completa el diálogo.

Celia ¿Qué podemos hacer hoy? ¿Por que no salimos y vamos a ver _____ (**alguno / algún**) partido en el club? Pablo me contó que hay muy buenos partidos.

Juana _____ (**buena / buen**) idea. Hay un _____ (**bueno / buen**) partido de voleibol. Estará en la cancha Perla, la estrella del cuadro.

Celia ¿Verdad?, pero habrá mucha cola ya que es el _____ (**primero / primer**) partido de la temporada. Los hinchas no van a querer perdérselo.

Juana Entonces, ¿por qué no elegimos ver el fútbol?

Celia	Ay, no... el fútbol no me apetece mucho.
Juana	_____ (**bueno** / **buen**), para mí _____ (**cualquiera** / **cualquier**) partido está bien. Me gustan todos. ¿Y si vamos a ver balonmano?
Celia	Es que no hay _____ (**ninguno** / **ningún**) partido de balonmano hoy.
Juana	¡Ah! Hay _____ (**uno** / **un**) partido de críquet. ¿Te gusta?
Celia	¡_____ (**Santo** / **San**) Crispín! ¿_____ (**Uno** / **Un**) de críquet? ¡Cuánto tiempo hace que no voy a _____ (**uno** / **un**) partido de críquet!
Juana	¿Y yo? ¡Cómo unos cuantos años!
Celia	¡_____ (**grande** / **gran**) idea la tuya! Quiero divertirme, porque he tenido un _____ (**malo** / **mal**) día.

Verbos irregulares de la tercera conjugación en presente de indicativo

1 Lee la entrevista y observa las palabras destacadas.

El Boletín del Club Deportivo (BCD) entrevista a Isabel, una joven deportista que **sigue** los pasos de su padre.

BCD	Isabel, cuéntanos algo sobre ti.
Isabel	Tengo 15 años, curso el tercero de la secundaria, juego al tenis, me **divierto** con mis amigos... En fin, lo que hace una chica de mi edad.
BCD	¿Te gustan otros deportes?
Isabel	Me gustan todos, pero **prefiero** el tenis. Me **siento** más a gusto jugando al tenis. Una vez intenté el fútbol...
BCD	¿Y qué pasó?
Isabel	Pues que no **consigo** hacer buenas jugadas, es decir, no **convierto** un gol. Mi padre se ríe cuando me ve jugando al fútbol.
BCD	Tu padre es tu entrenador de tenis, ¿no?
Isabel	Sí y me gusta mucho, porque él me **corrige** y no me **miente** cuando no juego bien. **Repito** la misma jugada un montón de veces, pero eso no me cansa, porque creo que estoy cada vez mejor.
BCD	¿Qué le dirías a un o una joven que quiere practicar un deporte?
Isabel	Que primero le tiene que gustar y después que el éxito está en la concentración y en el entrenamiento.

2 Completa el cuadro con las terminaciones de los verbos en presente de indicativo.

	Cambia e → ie		**Cambia e → i**		**Cambia o → ue**	
	sent	ir	repet	ir	dorm	ir
(yo)	sient		repit		duerm	
(tú)	sient		repit		duerm	
(usted)	sient		repit		duerm	
(él / ella)	sient		repit		duerm	
(nosotros/as)	sent		repet		dorm	
(vosotros/as)	sent		repet		dorm	
(ustedes)	sient		repit		duerm	
(ellos / ellas)	sient		repit		duerm	

> Fíjate que en los verbos irregulares de la tercera conjugación de presente de indicativo:
> - la raíz en las personas **nosotros** y **vosotros** no cambia;
> - la terminación es **igual** a la de los verbos regulares.
>
> Algunos verbos se conjugan como **sentir**: mentir, consentir, divertir, advertir, convertir, arrepentir, preferir, conferir, digerir, sugerir, herir, adherir, referirse, etc.; algunos se conjugan como **repetir**: pedir, despedir, impedir, elegir, corregir, seguir, conseguir, perseguir, reír, sonreír, servir, gemir, vestir, derretir, medir, etc.; y uno se conjuga como **dormir**: morir.

3 Mira las formas destacadas y marca la opción cuyo verbo presenta la misma irregularidad. Después, escribe el verbo que señalaste en la conjugación correspondiente.

a. Muchos deportistas **sienten** que les falta más apoyo.

pedir	repetir	entender

___

b. Los grandes campeones **persiguen** sus sueños.

dormir	elegir	preferir

___

c. Los atletas **duermen** después del partido.

conseguir	volver	sonreír

___

4 Descubre en la sopa de letras los diez verbos que faltan para completar las frases a continuación.

A	D	H	I	E	R	E	E	S	P	A	S
N	U	D	E	F	O	R	B	I	S	T	U
F	E	Y	P	E	R	S	I	G	U	E	B
I	R	L	R	G	A	N	T	E	S	Ñ	L
G	M	I	E	N	T	E	T	O	D	O	A
R	E	G	F	A	M	Ñ	R	I	C	A	N
O	E	I	I	D	E	S	C	O	N	T	D
Y	L	S	E	O	C	I	A	S	A	I	Z
C	O	R	R	I	G	E	R	E	M	I	R
I	G	A	E	R	I	N	R	P	I	D	E
E	I	I	L	L	A	T	E	E	D	A	S
N	S	D	I	V	I	E	R	T	E	G	A

El buen deportista:

a. _____ ocho horas por día.

b. no se _____ a los vicios.

c. no _____ esfuerzos para hacer lo que le parece bien.

d. se _____ siempre que se equivoca.

e. no _____ ni hace trampas dentro o fuera del juego.

f. ayuda a los compañeros y les _____ ayuda.

g. _____ un ideal.

h. intenta ganar a los demás, pero _____ ganarse a sí mismo.

i. se _____ orgulloso de serlo.

j. se _____ cuando juega y, sobre todo, busca ser mejor persona.

5 Completa los diálogos con los verbos indicados.

a.

1 ¿_____ (**dormir**) bien en ese colchón?

2 Sí, _____ muy bien. Mañana estaré descansada para el partido.

b.

1 ¿_____ (**corregir**) los errores ahora?

2 Sí, los _____ (**vosotros**) ahora porque ya se aproximan las finales.

c.

1 ¿Cuánto _____ (**medir**) esa montaña?

2 Creo que _____ unos cien metros.

d.

1 ¿A quién te _____ (**referir**) que es el mejor deportista?

2 Me _____ a ese chico pelirrojo.

e.

1 Camarero, por favor, ¿quién _____ (**servir**) esta mesa?

2 Yo la _____. ¿Qué quieren tomar?

f.

1 ¿_____ (**seguir**) practicando voleibol?

2 Sí, _____ (**nosotros**), y falta poco para el campeonato del colegio.

g.

1 ¿Qué te pasa que no te _____ (**reír**)? ¿Estás enfadada?

2 No, no estoy enfadada. No me _____ porque no me parece chistoso cuando la gente se cae en el partido.

6 Juega al "Tres en raya" con un compañero.

Instrucciones:

1. Cada uno debe jugar con un bolígrafo de color diferente.

2. El objetivo de este juego es conseguir tres posiciones en línea, sea en vertical, horizontal o diagonal.

3. Ganará el primero que consiga hacer una raya escribiendo los verbos correctamente.

sentir, nosotros	conseguir, yo	reír, ellas
dormir, tú	herir, vosotros	impedir, él
advertir, usted	despedir, ellos	sugerir, yo

sentir, yo	advertir, ellos	despedir, yo
reír, usted	sugerir, ellos	conseguir, nosotras
impedir, tú	dormir, vosotros	herir, él

¿Vamos a producir?

La enciclopedia deportiva digital

El texto enciclopédico presenta de forma ordenada información necesaria para la comprensión de determinados temas. En su formato digital, la enciclopedia trae enlaces que nos llevan a otras informaciones relevantes para el tema del que se habla.

Una enciclopedia deportiva recoge datos sobre distintas modalidades de deporte, información sobre los principales eventos deportivos, como los Juegos Olímpicos, y sobre las reglas de cada deporte; además, incluye nombres de los principales deportistas y atletas.

Mira cómo se puede organizar una entrada de una enciclopedia digital.

Enciclopedia Sin Fronteras
Encuentra y comparte información

Fútbol

El fútbol es un deporte que se juega entre dos equipos de once jugadores. Cada equipo intenta introducir un balón en la portería del equipo contrario sin tocarlo con las manos. Ese deporte es considerado el más popular del mundo, a pesar de no ocupar la primera posición en todos los países del mundo.

La cancha de fútbol

Oficialmente, el fútbol se puede jugar en una cancha o un terreno de césped natural o artificial, con medidas de 90 a 120 metros de largo y de 45 a 90 metros de ancho, aunque popularmente se puedan utilizar otras medidas de terreno. En los campeonatos internacionales, esas medidas de distancia pueden ser de 100 o 110 metros de largo y 65 o 75 metros de ancho.

Principales reglas

Un delantero está fuera de juego cuando se encuentra en una posición más adelantada que todos los defensas del equipo contrario a la hora de recibir un pase; fuera de banda cuando sale el balón por los lados más largos de la cancha. Córner es cuando el balón sale por alguno de los dos lados más cortos de la cancha. Penalti es la máxima sanción que se aplica cuando se comete alguna falta dentro del área o cuando se toca el balón con la mano también dentro de esta área.

Campeonato Mundial de Fútbol

La Copa Mundial de Fútbol es el torneo internacional más importante de ese deporte; es organizado por la FIFA y se realiza cada cuatro años. Todos los países del mundo pueden participar, siempre y cuando se clasifiquen en los torneos previos al campeonato mundial. A lo largo del mundial, los equipos se enfrentan para conquistar el título de mejor equipo de fútbol del mundo.

Ahora, sigue las etapas para crear una entrada para una enciclopedia digital deportiva.

Preparación

1. Elige un deporte, haz una investigación y completa las categorías del cuadro con la información necesaria:

Deporte:			
Definición	**Reglas**	**Campeonatos**	**Deportistas famosos**

2. Decide qué información será indispensable para la comprensión del deporte elegido.

Producción

1. Selecciona la información del deporte que has elegido y prepara el borrador de la entrada para la enciclopedia.
2. Escribe el borrador de la entrada.
3. Destaca con otro color cinco palabras claves importantes para la comprensión del texto.

Revisión

1. Elige a un compañero e intercambien los textos: él revisa tu producción y tú revisas la suya. Verifica la ortografía de las palabras que ha utilizado al describir el deporte, sus reglas, etc.
2. Verifica si la producción de tu compañero ayuda el lector a comprender el deporte elegido por él.

Versión final

1. Registra en definitivo, en la enciclopedia digital, la información del deporte que has elegido.
2. Prepara una presentación con los datos de ese deporte. Fíjate en la información que le corresponde a cada categoría previamente investigada.
3. En grupos, presenten la versión final de la enciclopedia digital.

¡Entérate!

El deporte adaptado en tiempos de pandemia

El deporte adaptado es una actividad adaptada para personas con alguna discapacidad, sea física o intelectual. Sin embargo, la pandemia ha presentado a todos los atletas algunas dificultades. ¿Qué desafíos pueden tener los atletas con discapacidad en la pandemia? Lee el texto para enterarte de ese tema.

Adaptados: la pandemia plantea un nuevo desafío para los deportistas con discapacidad

Eugenia Mastri

Martes 29 de septiembre de 2020 – 00:10

"Desde el principio me lo tomé como un desafío y traté de buscar herramientas para encontrar soluciones en lugar de preocuparme más por la situación. Enfoqué mi cabeza en trabajar y nunca bajé los brazos. Me sacaron el agua, pero no me sacaron lo más importante, que es la voluntad y las ganas de superarme. Es una etapa de superación y adaptación constante. Pero toda mi vida fue así, porque desde que nací que me tengo que adaptar."

Elizabeth Noriega siente que la vida le dio herramientas para afrontar esta nueva normalidad que impone el coronavirus, y le encontró el lado positivo. Es oriunda de Arroyito, tiene 33 años y parálisis cerebral.

[...]

"Después de casi tres meses sin agua ya casi no podía caminar, casi no me podía parar", dice la nadadora sobre la restricción que la privó de nadar desde marzo hasta junio y reconoce: "Si bien disfruto de la competición, sé que el agua es fundamental para mis músculos y la parte motriz que tengo afectada".

Deporte adaptado en tiempos de pandemia, de eso se trata. Y no sólo porque el deporte se adapta a la discapacidad de quien lo practica, sino también por la adecuación que este contexto supone para el deportista en cuanto a las nuevas formas de entrenamiento, a la comunicación a través de una pantalla y, en muchos casos, a la práctica de la disciplina fuera del escenario habitual.

[...]

MASTRI, Eugenia. Adaptados: la pandemia plantea un nuevo desafío para los deportistas con discapacidad. *La Voz*, 29 sep. 2020. Disponible en: www.lavoz.com.ar/ciudadanos/adaptados-pandemia-plantea-un-nuevo-desafio-para-deportistas-con-discapacidad#. Accedido el: 15 abr. 2021.

---

1 ¿Cómo reaccionó la atleta Elizabeth Noriega frente a las dificultades de la pandemia?

2 ¿De qué manera la práctica de la natación contribuye al bienestar de la atleta?

3 En tu opinión, ¿es importante practicar deportes u otras actividades físicas cuando sea necesario mantener aislamiento social? ¿Por qué?

Sigue explorando

Estrellas del deporte

A lo largo de la historia, muchos son los atletas españoles y latinoamericanos que han tenido éxito no solo por su popularidad, sino también por los excelentes resultados que presentan en sus respectivas modalidades deportivas. Conoce a dos importantes atletas latinas del escenario internacional.

Yulimar Rojas

Yulimar Rojas es una atleta venezolana multicampeona mundial en pista cubierta, larga y al aire libre, además de ser medallista olímpica en el salto triple. Fue elegida la mejor atleta el año 2020.

Caterine Ibargüen

La atleta colombiana Caterine Ibargüen, campeona olímpica en el salto triple de los juegos de Río de Janeiro y bicampeona mundial, fue reconocida como la atleta femenina del año en 2018.

Ahora, investiga a otros atletas hispanohablantes importantes para los deportes y elige el que más te gusta para presentarlo en clase:

- Busca información en Internet.
- Selecciona imágenes, audios y/o videos de ese deportista.
- Organiza tu investigación en una presentación para compartir con tus compañeros.

Para explorar más

- METEGOL. Dirección: Juan José Campanella y Victoria Goyeneche. Argentina y España, 2013. (106 min).
  En esa película de animación en 3D, Amadeo, un experto en el futbolín, se ve obligado a jugar contra Ezequiel, que se ha convertido en el mejor futbolista del mundo.

- OLYMPIC Channel. Disponible en: https://olympics.com/es/olympic-channel. Accedido el: 23 jun. 2021.
  En ese sitio hay información sobre los Juegos Olímpicos, además de noticias sobre deportes y episodios de *podcast* con entrevistas de atletas y deportistas famosos.

- PROFE de ELE. Vocabulario de los deportes en español. Disponible en: www.profedeele.es/actividad/vocabulario/los-deportes/. Accedido el: 26 mar. 2021.
  En ese sitio encuentras actividades interactivas de vocabulario de los deportes.

- PUELLES, Vicente Muñoz. *Un recorrido por los Juegos Olímpicos*. Madrid: Anaya Educación, 2020.
  Ese libro cuenta la historia de los Juegos Olímpicos y de sus protagonistas, desde el inicio en la Grecia antigua hasta los días de hoy.

UNIDAD 4

MUNDO ANIMAL

- ¿El quetzal es símbolo nacional de qué país? ¿Cuáles son las características físicas de esa ave?

- ¿Conoces otras especies que representan la fauna de otros países? ¿Cuáles?

- En tu opinión, ¿cómo podemos cuidar mejor a los animales con los que convivimos?

La convivencia entre las personas y los demás animales que habitan el mundo ha tenido muchos cambios a lo largo del tiempo. Sin embargo, el respeto hacia los animales es fundamental para la manutención de la vida. ¿Vamos a conocer un poco más de la fauna de los países hispanohablantes?

El quetzal es un animal típico de Centroamérica y el símbolo nacional de Guatemala.

¿Cómo se dice?

 1 Escucha los textos y observa las imágenes.

Texto 1

Hazte voluntario

Toda ayuda en el albergue es necesaria, sin los socios no podríamos existir, sin los padrinos tampoco, pero el trabajo de los voluntarios es especial. Hay que estar al pie del cañón siempre, llueva, nieve o haga un terrible calor, como suele pasar en pleno mes de agosto a las cuatro de la tarde (¿verdad chicos...?); pero ahí están, incansables. Los animales los adoran, y no es para menos, son sus cuidadores, sus amigos, sus médicos, sus compañeros de juegos... ¿Qué más podemos decir de los voluntarios?

HAZTE voluntario. *El arca de Noé*. Disponible en: https://arcanoecordoba.es/pagina/474-hazte-voluntario. Accedido el: 4 abr. 2021.

Texto 2

Entrevista con un voluntario

Luciano — Me llamo Luciano, tengo trece años y, como sé que necesitan voluntarios, vengo a ofrecer mi ayuda.

Señora — ¿Has trabajado alguna vez como voluntario?

Luciano — Sí. Cuando estoy de vacaciones y los vecinos salen de viaje, yo me encargo de sus mascotas. Les pongo el collar y salgo a pasear con ellas. Veo si no les falta agua, les doy la comida y soy muy cariñoso con ellas.

Señora — Bueno, podemos empezar mañana y hacer una prueba, pero antes tienes que traerme el permiso de tus padres. ¿Vale?

Luciano — ¡Vale! Hoy mismo se lo traigo. Gracias.

Texto 3

Animales | Un mono adopta a un gatito

Fotos: cbimages/Alamy/Fotoarena

El mundo animal siempre nos está dando lecciones, como el caso que presentamos hoy.

La fotógrafa inglesa Ann Young estaba de vacaciones en Bali, donde ha presenciado el sorprendente acontecimiento, y es que un mono salvaje ha adoptado a un pequeño felino abandonado en medio del hábitat de los monos.

Así que Ann decidió fotografiar este momento y compartirlo con el mundo, para que muchos aprendan de los animales.

Las fotos han sido publicadas en el periódico inglés *The Sun*, y según revela, como había más turistas observando la escena, el mono intentó esconder al gato detrás de una planta para evitar ataques.

El mono es macho, pero esto no ha impedido que salga a relucir la maternidad que lleva adentro, ya que no permitió que los otros monos se acercaran a la cría, además, le dio muchísimas muestras de cariño, vamos, como una auténtica madre.

Vía: Adopta un amigo. ¡NO lo compres!

Int3r3sant3! Disponible en: http://interesant3.blogspot.com/2010/11/animales-un-mono-adopta-un-gatito.html#.YGmtiehKiUk. Accedido el: 4 abr. 2021.

2 Relaciona las expresiones presentadas en el **Texto 1** con su significado.

a. albergue

b. socio

c. padrino

d. estar al pie del cañón

◯ No desatender ni por un momento un deber, una ocupación, etc.

◯ Lugar que sirve de resguardo, cobijo o alojamiento a personas o animales.

◯ Persona que patrocina, protege.

◯ Persona asociada con otra u otras para algún fin.

3 Observa los verbos sacados del **Texto 2** y escribe sus infinitivos.

Presente de indicativo	Infinitivo	Presente de indicativo	Infinitivo
tengo		pongo	
sé		salgo	
vengo		veo	
estoy		soy	
salen		traigo	

4 Marca **V** (verdadero) o **F** (falso) para las afirmaciones sobre el **Texto 3**.

a. ◯ El mono fue una auténtica madre porque amamantó al gato.

b. ◯ El mono adoptó al cachorro dándole cariño y protección.

c. ◯ El texto nos propone comprar y adoptar una mascota.

5 Contesta a las preguntas sobre los textos.

a. ¿Por qué el trabajo de los voluntarios es especial?

_____
_____
_____

b. Además de tener experiencia, ¿qué más necesita Luciano para hacerse voluntario?

_____
_____

c. ¿Por qué la fotógrafa Ann Young decidió fotografiar y publicar la foto del mono salvaje y el gatito?

_____
_____

6 ¿Qué necesitan las mascotas para tener una buena calidad de vida?

_____
_____

7 Si adoptaras una mascota, ¿qué ventajas le darías tú?

_____
_____

Los animales

1 Relaciona los animales con las fotos a continuación.

Animales de la tierra

> **a.** el gato   **b.** el caballo   **c.** la gallina   **d.** el conejo   **e.** la oveja   **f.** el perro

Animales del aire

a. el gorrión **c.** el pájaro carpintero **e.** el bienteveo
b. el águila **d.** la gaviota **f.** la golondrina

Animales del agua

a. el tiburón   **c.** el pulpo   **e.** la raya
b. la ballena   **d.** la estrella de mar   **f.** el delfín

2 Relaciona las características con los animales.

a. Anda con su cachorro en la bolsa.

b. Imita la voz humana.

c. Es el mayor mamífero del agua.

d. Es conocido como el rey de los animales.

e. Come zanahorias.

f. Es considerada el símbolo de la paz.

g. Su rabo se parece a un sacacorchos.

h. Tiene el cuello muy largo.

○ el conejo
○ el cerdo
○ la jirafa
○ el león
○ el canguro
○ el loro
○ la ballena
○ la paloma

3 Ahora, relaciona cada animal con el sonido que produce y con el nombre que recibe ese sonido.

a. la gallina	○ ¡Pío!	○ croa
b. el pájaro	○ ¡Hin!	○ grilla, chirría
c. la oveja	○ ¡Uiccc-uiccc!	○ canta, gorjea
d. la rana	○ ¡Muuu!	○ parpa
e. el pollito	○ ¡Guau!	○ zumba
f. el gato	○ ¡Cuac!	○ pía
g. el caballo	○ ¡Cló-cló!	○ gruñe
h. la paloma	○ ¡Iiii!	○ bala
i. la vaca	○ ¡Croac!	○ chilla
j. el perro	○ ¡Bzzz, bzzz!	○ relincha
k. el cerdo	○ ¡Bee!	○ ladra
l. el pato	○ ¡Cri-cri!	○ arrulla
m. el grillo	○ ¡Miau!	○ cacarea
n. la abeja	○ ¡Cu-curru-cu-cú!	○ muge
ñ. el ratón	○ ¡Pío!	○ maúlla

¿Entiendes lo que oyes?

1 ¿Tienes o te gustaría tener una mascota? Mira los animales y cuéntale a tu compañero cuáles crees que son las mascotas más comunes.

2 ¿Qué beneficios crees que aportan los animales domésticos a nuestra vida? Habla con tu compañero.

3 Escucha el artículo y marca los beneficios que se mencionan de tener una mascota.

○ Nos aceptan como somos.
○ Nos ayudan a vivir en soledad.
○ Nos hace revivir sentimientos nobles.
○ Reducen nuestro nivel de estrés.
○ Disminuyen nuestra responsabilidad.
○ Nos enseñan a comprender quiénes somos.
○ Mejoran nuestra vida con los amigos.
○ Elevan nuestra autoestima.

4 Escucha el artículo una vez más y escribe **V** si la afirmación es verdadera o **F** si es falsa.

a. ◯ Estudios científicos dicen que convivir con un animal ayuda a reducir el nivel de estrés y la presión arterial, eleva la autoestima y la habilidad social, además de mejorar la comunicación y la afectividad dentro del hogar.

b. ◯ En la actualidad, el 46% de las familias españolas poseen un perro o un gato. En concreto, en España hay censados cuatro millones de perros y tres millones de gatos.

c. ◯ Hoy en día, algunos terapeutas no llevan bata. A veces son peludos y tienen cuatro patas. Otras, tienen aletas y una piscina como casa.

d. ◯ Los animales que participan con más frecuencia en las Terapias Asistidas por Animales de Compañía son los perros, los gatos, los caballos, los delfines y reptiles.

e. ◯ TAAC son terapias dirigidas a tratar problemas como el autismo, la timidez patológica, la agresividad, el síndrome de Down y la parálisis cerebral.

5 Completa el fragmento del artículo que has escuchado.

Según Isabel Salama, psicóloga clínica y psicoterapeuta especializada en la implantación de TAAC, "el contacto con los animales _____ revivir _____ más nobles y de interacción _____, nos hace comprender que somos parte integral de él. Aprendemos que tenemos un sitio. Ellos _____ a descubrir quiénes somos y por qué estamos aquí y ahora. _____ hacia _____." Y, sobre todo, _____ a aceptarnos _____. "Esto es debido —apunta Salama— a que los animales nos aceptan tal y como somos. Ya podemos ser gordos, delgados, altos, bajos, ricos o pobres. _____ y _____ señales de ánimo cuando no _____ en nuestro mejor momento."

Fuente de la información: TODOS MASCOTA. *Mascotas*: una fuente de bienestar, 7 mar. 2010. Disponible en: http://todo-mascotases.blogspot.com/2010/03/mascotas-una-fuente-de-bienestar.html?m=1. Accedido el: 4 abr. 2021.

6 Y nosotros, ¿qué podemos enseñarles a los animales?

_____
_____
_____
_____
_____

¿Qué sonido tiene y cómo se escribe?

La **s**, la **z** y la **c**

1 Escucha los trabalenguas y observa las palabras que se escriben con la **s**, la **z** y la **c**.

A Rosa Rizo la desafiaron
para que rezase en ruso,
y aunque fue un tanto confuso,
Rosa Rizo rezó en ruso.

Hay suecos en Suiza
y hay suizos en Suecia,
pero hay más suizos en Suiza
que suizos en Suecia.

Disponibles en: www.elhuevodechocolate.com. Accedido el: 4 abr. 2021.

> La **s** y la **z** tienen el mismo sonido en algunas regiones de España y en el español de América: Ro**s**a, de**s**afiaron, confu**s**o, Ri**z**o, re**z**ase, re**z**a, etc.
> En español no existe la **s** suave. Siempre se pronuncia como la **ss** del portugués, pero se escribe con una sola letra: ca**s**a, blu**s**a, profe**s**or, cla**s**ificar, etc.
> Se escribe la **z** antes de **a**, **o**, **u** (**z**a, **z**o, **z**u): **z**apato, **z**orro, a**z**úcar, etc.
> Los grupos **ze** / **zi** son muy raros en español. Las principales palabras en las que aparecen son **z**ig**z**ag, na**z**i, **z**inc, **z**eta. Los grupos **ce** / **ci** tienen el mismo sonido que **z**a, **z**o, **z**u.

2 Ordena las sílabas y completa el texto a continuácion con las palabras formadas.

a. sasco _____

b. safende _____

c. amezasna _____

d. feninosivo _____

e. desdaciu _____

f. quemansasala _____

g. novesone _____

h. liutizar _____

i. agrevossi _____

j. ciolensisas _____

k. saca _____

l. esciepe _____

Vista nocturna de la ciudad de Buenos Aires (barrio Puerto Madero).

Salamanquesas: dragones en las paredes

[...]
Desmontando el mito

Sobre las salamanquesas se han dicho muchas _____... y no todas son ciertas.

Hay cierto aire de misterio alrededor de esta _____ que ha llevado a que se forjen algunas creencias populares, sobre todo teniendo en cuenta lo _____ que son y la capacidad que tienen de vivir en los hogares pasando desapercibidas.

Pero... nada más lejos de la realidad.

- La salamanquesa no es un animal _____; no porque su veneno sea poco peligroso para el ser humano, sino porque este pequeño reptil no posee ningún tipo de sustancia en su cuerpo que pueda _____ como mecanismo de _____.

- No son _____. Jamás nos perseguirá para mordernos, cuando nos vea siempre tratará de huir y esconderse, pero es cierto que si logramos atraparla y la cogemos con la mano puede defenderse.

[...]
¿Por qué es importante su conservación?

La verdad es que, si encuentras una en _____, no es necesario que la ahuyentes, la molestes ni mucho menos la mates, pues se trata de un animal sumamente _____.

Por si no lo sabías, su presencia en el hogar resulta beneficiosa, ya que ayuda a disminuir las plagas que puedan existir, como cucarachas, polillas o mosquitos [...].

En la actualidad, aunque la supervivencia de la especie no se encuentre en peligro, las principales _____ vienen derivadas de los incendios, la destrucción de los hábitats naturales, los insecticidas y herbicidas empleados en agricultura, la contaminación de las _____, la arquitectura actual sin huecos para refugiarse, la interacción con animales domésticos o con el hombre y la proliferación de ciertos predadores (como los jabalíes).

Así que, ya sabes, si encuentra una _____ en casa, déjala seguir su camino.

CENTRO de Educación Ambiental Casa de Campo. *Salamanquesas*: dragones en las paredes. Disponible en: https://diario.madrid.es/cieacasadecampo/wp-content/uploads/sites/61/2020/09/salamanquesas.pdf. Accedido el: 5 abr. 2021.

¿Vamos a leer?

1 ¿Crees que los animales viven de forma digna? Mira las fotografías y comenta con tus compañeros los peligros que pueden amenazarlos.

a.

Zona de prohibición de la caza animal.

b.

Lobo marino atrapado en una red de pesca.

c.

Perro para adopción en un centro de acogida.

2 ¿Crees que es necesario crear y ampliar leyes de protección animal? ¿Por qué? Comenta con tus compañeros.

3 ¿Conoces la Declaración Universal de los Derechos de los Animales? Marca las características que crees que tiene ese documento.

- ◯ Es un documento escrito.
- ◯ Contiene leyes de protección.
- ◯ Está organizado en artículos.
- ◯ Presenta derechos del animal.
- ◯ Describe especies animales.
- ◯ Presenta posibles penalizaciones.
- ◯ Contiene explicación de cada derecho.
- ◯ Expresa valores importantes.
- ◯ Trae pistas para la adopción.
- ◯ Expone reglas internacionales.

4 Lee la Declaración Universal de los Derechos de los Animales y comprueba sus características.

Declaración Universal de los Derechos de los Animales

Considerando que todo animal posee derechos y que el desconocimiento y desprecio de dichos derechos han conducido y siguen conduciendo al hombre a cometer crímenes contra la naturaleza y los animales, se proclama lo siguiente:

Artículo 1

Todos los animales nacen iguales ante la vida y tienen los mismos derechos a la existencia.

Artículo 2

a. Todo animal tiene derecho al respeto.
b. El hombre, como especie animal, no puede atribuirse el derecho de exterminar a los otros animales o de explotarlos, violando ese derecho. Tiene la obligación de poner sus conocimientos al servicio de los animales.
c. Todos los animales tienen derecho a la atención, a los cuidados y a la protección del hombre.

Artículo 3

a. Ningún animal será sometido a malos tratos ni a actos crueles.

b. Si es necesaria la muerte de un animal, esta debe ser instantánea, indolora y no generadora de angustia.

Artículo 4

a. Todo animal perteneciente a una especie salvaje tiene derecho a vivir libre en su propio ambiente natural, terrestre, aéreo o acuático y a reproducirse.

b. Toda privación de libertad, incluso aquella que tenga fines educativos, es contraria a este derecho.

Artículo 5

a. Todo animal perteneciente a una especie que viva tradicionalmente en el entorno del hombre tiene derecho a vivir y crecer al ritmo y en las condiciones de vida y de libertad que sean propias de su especie.

b. Toda modificación de dicho ritmo o dichas condiciones que fuera impuesta por el hombre con fines mercantiles es contraria a dicho derecho.

Artículo 6

a. Todo animal que el hombre haya escogido como compañero tiene derecho a que la duración de su vida sea conforme a su longevidad natural.

b. El abandono de un animal es un acto cruel y degradante.

Artículo 7

Todo animal de trabajo tiene derecho a una limitación razonable del tiempo e intensidad del trabajo, a una alimentación reparadora y al reposo.

Artículo 8

a. La experimentación animal que implique un sufrimiento físico o psicológico es incompatible con los derechos del animal, tanto si se trata de experimentos médicos, científicos, comerciales, como de otra forma de experimentación.

b. Las técnicas alternativas deben ser utilizadas y desarrolladas.

Artículo 9

Cuando un animal es criado para la alimentación debe ser nutrido, instalado y transportado, así como sacrificado, sin que ello resulte para él motivo de ansiedad o dolor.

Artículo 10

a. Ningún animal debe ser explotado para esparcimiento del hombre.

b. Las exhibiciones de animales y los espectáculos que se sirvan de animales son incompatibles con la dignidad del animal.

Artículo 11

Todo acto que implique la muerte de un animal sin necesidad es un biocidio, es decir, un crimen contra la vida.

Artículo 12

a. Todo acto que implique la muerte de un gran número de animales salvajes es un genocidio, es decir, un crimen contra la especie.

b. La contaminación y la destrucción del ambiente natural conducen al genocidio.

Artículo 13

a. Un animal muerto debe ser tratado con respeto.

b. Las escenas de violencia, en las cuales los animales son víctimas, deben ser prohibidas en el cine y en la televisión, salvo si ellas tienen como fin dar muestra de los atentados contra los derechos del animal.

Artículo 14

a. Los organismos de protección y salvaguarda de los animales deben ser representados a nivel gubernamental.

b. Los derechos del animal deben ser defendidos por la ley, como lo son los derechos del hombre.

DECLARACIÓN Universal de los Derechos de los Animales. Disponible en: www.gob.mx/conanp/articulos/proclamacion-de-la-declaracion-universal-de-los-derechos-de-los-animales-223028. Accedido el: 4 abr. 2021.

5 Vuelve a leer la Declaración Universal de los Derechos de los Animales y relaciona los artículos con las ideas que se presentan.

a. Artículo 4 — ◯ Los derechos deben ser defendidos por ley.
b. Artículo 6 — ◯ La utilización de animales en espectáculos.
c. Artículo 8 — ◯ El derecho a la libertad de vivir en su hábitat.
d. Artículo 10 — ◯ El genocidio animal y el deterioro de ecosistemas.
e. Artículo 12 — ◯ El abandono animal como acto cruel y degradante.
f. Artículo 14 — ◯ El uso de animales en experimentos científicos.

6 Ahora contesta a las preguntas.

a. Según la declaración, ¿cómo debemos tratar a los animales?

b. ¿Crees que los animales son respetados en el mundo? ¿Y en nuestro país?

c. ¿Hay animales abandonados en tu barrio?

d. ¿Conoces alguna institución que se encargue de la protección de los animales? ¿Cuáles?

7 ¿Qué significa la palabra destacada en la introducción de la Declaración Universal de los Derechos de los Animales?

"[...] todo animal posee derechos y que el desconocimiento y **desprecio** de dichos derechos [...]"

◯ precio más barato de algo   ◯ actitud de ignorar algo   ◯ consideración de algo

La **Declaración Universal** es un documento internacional escrito, que tiene el objetivo de proponer conductas ideales sobre temas de interés universal, como Derechos Humanos o Derechos de los Animales. Se espera que individuos, organismos gubernamentales y países participantes la utilicen para garantizar condiciones mínimas de respeto y dignidad a todos.

¿Cómo funciona?

Los indefinidos

1 Completa el texto con las palabras del recuadro. Después, escucha la grabación para comprobar si lo has hecho correctamente.

> alguien (2)   un (2)   todos   algunos   cada   nadie   mucho   algo   nada   alguna

¡Hola!

Vivo en la calle, debajo de _____ árbol. En el barrio _____ me quieren y me bautizaron con el nombre Compañero porque soy amigo de los vecinos y de otros perritos callejeros como yo.

No me falta _____ porque _____ día pasa _____ persona que me da _____ para comer. Yo lo reparto con _____ perros y gatos que vienen a visitarme.

Pero me gustaría ser el guardián y compañero de _____ que vive solo, sin _____ a quien ofrecer su cariño. Tengo _____ amor para dar.

Si _____ quiere formar parte de mi familia, puede llamar a mi amigo Rodrigo y dejarme _____ mensaje en su contestador automático. El número de su teléfono es 8455 9012.

¡Un lenguetazo de Compañero!

2 Encuentra algunos ejemplos del texto y completa el recuadro.

Indefinidos que pueden acompañar el sustantivo o no:	
poco(s), poca(s)	Hay **pocas** personas en la calle.
mucho(s), mucha(s)	
algún / alguno(s), alguna(s)	
ningún / ninguno, ninguna	No hay **ningún** mensaje en el contestador.
bastante(s)	Hay **bastantes** gatos para adopción.
todo(s), toda(s)	
varios, varias	Él tiene **varios** amigos.
un / uno(s), una(s)	
cierto(s), cierta(s)	**Cierta** vez fui a una exposición de animales y me gustó mucho.
cada	
Indefinidos que no acompañan el sustantivo:	
alguien	
nadie	
algo	
nada	

3 Contesta a las preguntas usando los indefinidos.

a. ¿Hay algo para comer?

b. ¿Te falta mucho para terminar el trabajo?

c. ¿Tienes algún libro sobre mascotas para prestarme?

d. ¿Conoces a alguien que trabaja con protección animal?

e. ¿Te gustan todas las animaciones con animales?

Irregularidades especiales en presente de indicativo

1 Lee el texto y observa las formas verbales destacadas.

Vengo de una familia de parlanchines. **Tengo** cinco años, pero vivo con mi familia adoptiva **hace** tres. Mis plumas **tienen** muchos colores (verde, amarillo, rojo y azul) y mi pico es negro. Cuando me **pongo** a hablar, todos quieren escucharme. No **soy** una mascota muy discreta, porque **digo** todo lo que **oigo**. Tengo muchos juguetes, pero el que más me gusta es uno con anillas, donde **hago** muchos ejercicios. A veces me **caigo**, de broma, y como **sé** volar, me levanto y **salgo** volando.

2 Observa los verbos que presentan irregularidades solo en la primera persona del singular y completa con las formas que faltan.

a. Grupo variado de verbos:

	Yo	Tú	Usted	Él / Ella
Hacer	hago	haces		hace
Poner	pongo		pone	pone
Salir	salgo	sales		sale
Valer	valgo		vale	vale
Traer	traigo	traes	trae	
Caer	caigo		cae	cae
Dar	doy	das		da
Estar	estoy	estás	está	
Saber	sé		sabe	sabe
Ver	veo	ves	ve	

	Nosotros(as)	Vosotros(as)	Ustedes	Ellos / Ellas
Hacer	hacemos		hacen	hacen
Poner		ponéis	ponen	
Salir	salimos		salen	salen
Valer		valéis		valen
Traer	traemos		traen	traen
Caer		caéis	caen	
Dar	damos		dan	dan
Estar	estamos	estáis		están
Saber	sabemos		saben	saben
Ver		veis		ven

b. Verbos terminados en **-acer**, **-ecer**, **-ocer**, **-ucir**:

	Yo	Tú	Usted	Él / Ella
Nacer	nazco		nace	nace
Crecer	crezco	creces		crece
Ofrecer	ofrezco		ofrece	
Parecer	parezco		parece	parece
Conocer	conozco	conoces	conoce	
Conducir	conduzco		conduce	conduce
Traducir	traduzco	traduces		traduce
Producir	produzco		produce	produce

	Nosotros(as)	Vosotros(as)	Ustedes	Ellos / Ellas
Nacer		nacéis	nacen	nacen
Crecer	crecemos	crecéis		crecen
Ofrecer	ofrecemos	ofrecéis	ofrecen	
Parecer		parecéis	parecen	
Conocer	conocemos		conocen	conocen
Conducir	conducimos	conducís		conducen
Traducir		traducís		traducen
Producir	producimos		producen	

c. Verbos con dos tipos de irregularidades:

	Yo	Tú	Usted	Él / Ella
Decir	digo	dices		dice
Tener	tengo	tienes		
Venir	vengo		viene	viene

	Nosotros(as)	Vosotros(as)	Ustedes	Ellos / Ellas
Decir	decimos	decís		dicen
Tener	tenemos		tienen	tienen
Venir		venís	vienen	

d. Verbos terminados en **-uir**:

	Yo	Tú	Usted	Él / Ella
Huir	huyo	huyes		huye
Instruir	instruyo		instruye	
Concluir	concluyo	concluyes		concluye

	Nosotros(as)	Vosotros(as)	Ustedes	Ellos / Ellas
Huir		huís		huyen
Instruir	instruimos		instruyen	
Concluir	concluimos	concluís		concluyen

e. Verbos con irregularidades propias:

	Yo	Tú	Usted	Él / Ella
Oír	oigo	oyes		oye
Ser	soy		es	
Ir	voy	vas	va	
Haber	he	has		ha

	Nosotros(as)	Vosotros(as)	Ustedes	Ellos / Ellas
Oír	oímos			oyen
Ser		sois	son	
Ir				van
Haber	hemos	habéis	han	

3 Completa el diálogo con los verbos indicados entre paréntesis.

Diego _____ (estar) pensando en adoptar una mascota.

Julia ¿Qué _____ (decir)? No te _____ (oír).

Diego Que _____ (estar) pensando en adoptar una mascota.

Julia Diego, te _____ (conocer) muy bien. Cuando _____ (decir) que estás pensando es porque ya la _____ (tener).

Diego Menos mal que me _____ (conocer). Está en la sala. Espera un momento que te la _____ (traer).

Julia ¡Ah!, un cachorro de perro. ¡Qué bonito!

Diego Tiene seis meses.

Julia Es precioso. Pero, ¡madre mía, estos perros lo _____ (destruir) todo! ¿Y quién lo va a cuidar?

Diego Me _____ (ofrecer) para llevarlo a pasear.

Julia ¿Solo eso?

Diego Bueno, si no te gusta, lo devuelvo.

Julia No, ni hablar, nos quedamos con él. _____ (tener) buena pinta, va a ser un gran amigo.

4 Completa los diálogos con el verbo conjugado en Presente de Indicativo.

a.

¿Qué _____ (hacer)?

_____ los deberes de la escuela.

b. ¿A qué hora _____ (venir)?

_____ a las ocho de la mañana.

c. ¿Qué _____ (traer) en ese paquete?

_____ el pienso del gato.

d. ¿A quién te _____ (parecer)?

Me _____ a mi madre.

¿Vamos a producir?

El video de *tag*

El género digital video tiene como característica la publicación de historias personales o profesionales con el objetivo de dar a conocer informaciones acerca de temas variados. Actualmente, con el crecimiento de las redes sociales y una mayor interacción entre los creadores de contenido y el público, algunos tipos de videos han tenido mucho éxito. Uno de ellos son los videos de *tag*, que reúnen una variedad de preguntas sobre temas específicos y, a través de ellos, los creadores divierten a la audiencia y muestran un poco más de sí mismos a los seguidores.

¿Conoces o has visto videos con el *tag* de la mascota? Son videos divertidos en los que las personas presentan a sus mascotas, sus hábitos y su vida cotidiana en casa. Mira un ejemplo de preguntas para ese *tag*:

- ¿Cómo se llama?
- ¿Cuántos años tiene?
- ¿Cómo llegó a ti?
- ¿Qué le gusta comer?
- ¿Cuál es su juguete favorito?
- ¿Dónde le gusta dormir?
- ¿Qué le gusta hacer?
- ¿A qué le tiene miedo?
- ¿Sabe hacer algún truco?

¡¡¡OS PRESENTO a mi mascota!!! Conoce a mi perro Luna con el tag de la mascota, 2018. 1 video (6 min). Publicado por el canal El mundo de Clodett. Disponible en: www.youtube.com/watch?v=ebCG2E_afng. Accedido el: 14 abr. 2021.

Ahora, ¿vamos a crear un video con el *tag* de la mascota? Sigue las etapas para organizar la información y presentar a una mascota.

Preparación

1. Echa un vistazo a las preguntas del *tag* de la mascota. Organiza por escrito el guion con las respuestas de las preguntas del *tag*, para ayudarte en la grabación de tu video.

Guion: *tag de la mascota*	
Saluda a visitantes	
Pídeles que se inscriban en el canal, te pongan "me gusta" y activen las notificaciones de video	
Contesta a las preguntas de la mascota	
Agradece a los visitantes y despídete	

2. Verifica si no te ha faltado ninguna información importante para la presentación de tu mascota.

Producción

1. Una vez preparado el guion, elige un espacio tranquilo en el colegio para entrenar oralmente tu presentación.
2. Ensaya tu presentación y verifica si necesitas ampliar o acortar el texto sobre tu mascota.
3. Graba la versión definitiva del video del *tag* de la mascota.

Revisión

1. En parejas, miren los videos antes de la edición final y publicación con la *tag* de la mascota y corrijan los problemas que encuentren.
2. Verifiquen si es un video que puede atraer la atención de muchos visitantes.

Versión final

1. Sigue las orientaciones del profesor para publicar el video y compártelo con tus compañeros.
2. Elige el video que crees que tendrá más reacciones o visualizaciones.

¡Entérate!

Tráfico de animales

El tráfico de animales es una actividad ilícita que se caracteriza por la retirada de animales de su hábitat con objetivo comercial. Muchas de las especies traficadas se encuentran amenazadas de extinción. ¿Cómo crees que se puede impedir esa práctica? Lee el texto para enterarte de ese tema.

Autoridades lanzan campaña para combatir tráfico de vida silvestre en Ecuador

3 marzo 2021

Por **Redacción El Mercurio**

El Ministerio de Ambiente de Ecuador presentó este miércoles la campaña «¡Alto! El tráfico de la vida silvestre es un delito», que busca combatir la venta ilegal de especies naturales, cuyo comercio puede afectar gravemente la biodiversidad en el país.

«Si te llevas uno, no quedará ninguno», es el lema de la campaña que pretende sensibilizar a la ciudadanía sobre el tráfico ilegal de vida silvestre y sus implicaciones legales [...].

Loros, guacamayos, boas, tortuga terrestres y marinas, el caimán suramericano, variedades de monos y coatíes, entre otras, figuran entre las especies más traficadas en el país, al igual que variedades vegetales como orquídeas, bromelias y musgo.

[...]

Campaña "¡Alto! El tráfico de vida silvestre es un delito".

AUTORIDADES lanzan campaña para combatir tráfico de vida silvestre en Ecuador. *El Mercurio*. Disponible en: https://elmercurio.com.ec/2021/03/03/autoridades-lanzan-campana-para-combatir-trafico-de-vida-silvestre-en-ecuador/. Accedido el: 4 abr. 2021.

---

1 ¿Qué objetivo tiene la campaña del Ministerio de Ambiente de Ecuador?

2 ¿Qué especies de animales son las más traficadas en Ecuador?

3 ¿Cómo crees que puedes colaborar para impedir esa práctica ilegal en tu región?

Sigue explorando

Especies amenazadas

Algunos de los ejemplares de la biodiversidad de los países hispanohablantes sufren con la amenaza de desaparición. Bosques tropicales, montañas y archipiélagos serían el hábitat perfecto para que esas especies vivieran en libertad, si no fuera por la contaminación y degradación de esos ecosistemas, la caza ilegal y otras actividades. Conoce dos especies que lamentablemente se encuentran amenazadas de extinción.

El lince ibérico

Tortuga marina verde

El lince ibérico es una especie de felino que se encuentra en España y Portugal. Actualmente es una de las especies más amenazadas de extinción, debido a la caza ilegal y al deterioro de su hábitat natural.

La tortuga marina verde es un reptil que figura entre las especies en peligro de extinción. Animal característico de las Islas Galápagos, en Ecuador, a menudo se ve amenazada por predadores introducidos al archipiélago.

Ahora, investiga otras especies de animales de España e Hispanoamérica amenazados de extinción y elige una para presentarla en clase:

- Busca información en Internet.
- Selecciona imágenes, audios y/o videos de ese animal.
- Organiza tu investigación en una presentación para compartir con tus compañeros.

Para explorar más

- LOS ANIMALES. *Vert-aal*. Disponible en: www.ver-taal.com/voc_animales.htm. Accedido el: 4 abr. 2021.

  Actividades interactivas de repaso y ampliación del vocabulario de los animales.

- OLÉ, el viaje de Ferdinand. Dirección: Carlos Saldanha. EUA, Blue Sky Studios, 20th Century Fox Animation, Davis Entertainment, Scholastic Entertainment, 2017.

  Ferdinand es un toro enorme, al que no le gusta pelear y que, desde muy pequeño, descubre los peligros de las corridas de toros.

- QUIROGA, Horacio. *Cuentos de la Selva*. Argentina: Arenal, 2003.

  Ese libro trae ocho relatos que mezclan aventura, peligro y paisajes exóticos, protagonizados por animales de la selva misionera.

UNIDAD 5

¡CONECTADOS A LA RED!

◆ ¿Qué servicio está representado en el aviso? ¿En qué ciudad se ofrece?

◆ ¿Conoces otras ciudades que ofrecen wifi gratis? ¿Cuáles?

◆ En tu opinión, ¿qué importancia tienen los servicios gratis de wifi?

La Internet es un instrumento extraordinario, que derribó fronteras y unificó al mundo. En ese espacio virtual se puede encontrar información, establecer contacto con otras personas y divertirse de un sinnúmero de maneras diferentes. Sin embargo, hay que saber cómo utilizarlo para no correr el riesgo de sufrir una mala experiencia. ¿Vamos a conocer un poco más de las innovaciones tecnológicas?

Aviso de de wifi gratis en una playa de Barcelona.

¿Cómo se dice?

1 Lee y escucha las publicaciones del blog de Miguel.

Sobre mí

Soy Miguel, tengo 12 años y me ustan los superhéroes.

< Inicio | Galería | Archivos   Contacto ▼ | Etiquetas ▼

Blog Sin Fronteras

El diario de Miguel

Lunes | 4 de octubre 2021

¡Vaya día!

¿Por qué habrá días así...? ¿Alguien puede responderme?

7h am El despertador no sonó, creo que se fue la luz durante la noche. Me levanté y salí corriendo, no podía llegar tarde al cole, porque tenía que entregar un trabajo de Mates. Llamé el ascensor, que subía y bajaba, sin parar en mi piso. Cuando la puerta se abrió, había como diez personas estrujadas por falta de espacio. ¿De dónde rayos salió tanta gente? Parece que todos llegaban tarde.

7h35 am Corrí como un loco y llegué a la escuela en el exacto momento en que cerraban la puerta. Me senté en el pupitre y, después de un largo suspiro, me sentí más tranquilo. Al abrir la mochila, **¡qué despiste!** Se me había olvidado el trabajo sobre el escritorio. Después de pasar todo el domingo buscando en Internet... **¡Quién tiene prisa desliza!**... ¡Qué decirle al profesor! **Me quedé a cuadros...**

1h pm Al salir de la escuela llovía a cántaros, y como no llevaba paraguas me quedé como un pollo. Cuando iba por la acera, resbalé en un charco, **¡qué chasco!**

1h50 pm Por fin, llegué a mi edificio, chorreando y hambriento. Dentro del ascensor, pensaba en pasar una buena tarde, cuando, de pronto, la luz se cortó y el ascensor paró... lo que me faltaba... **Vaya día...**

Todo esto me pasó en un solo día... ¿Te lo puedes creer?

Publicado por Miguel a las 8h30 pm

- comentarios | enlaces

    Julia dijo:
    Hola, Miguel. Pues así es la vida, unos días llueve y otros sale el sol. No olvides el paraguas la próxima vez... y no te lo tomes tan mal. Julia

    4/10/2021 a las 9h05 pm

    Rafael dijo:
    Eres un gafe, Miguelito... je, je, je. Me mola tu historia. Eres muy divertido. =)

    4/10/2021 a las 8h42 pm

< Inicio | Galería | Archivos   Contacto ▼ | Etiquetas ▼

Blog Sin Fronteras

Sobre mí

Soy Miguel, tengo 12 años y me gustan los superhéroes.

Sobre los superhéroes

Jueves | 23 de septiembre de 2021

¿A quién no le gustan las historias de superhéroes? A mí siempre me han gustado. Mi preferido es Superman o Superhombre, el hombre de acero.

Es un personaje ficticio, que apareció por primera vez en Action Cómic #1, *en 1938. Fue el primer superhéroe, y el más popular del mundo. Superman es un extraterrestre, nacido en el planeta Krypton, que tenía una civilización mucho más avanzada que la de la Tierra. Su nombre de origen era Kal-El. Su padre, un científico kryptoniano, al descubrir que el planeta iba a explotar, manda a su hijo a la Tierra en una pequeña nave espacial. El niño es encontrado y adoptado por Jonathan y Martha Kent, un matrimonio de granjeros en Smallville, Kansas (EE.UU.), que le ponen el nombre de Clark Kent. Con el tiempo, Clark descubre sus poderes: puede volar, lanzar rayos caloríficos por los ojos, ver a través de las paredes, es prácticamente invulnerable a cualquier daño. Al acabar la universidad, se va a Metrópolis donde trabaja como periodista en el* Daily Planet. *Para poder llevar una vida normal, oculta sus poderes. Como Superman, se dedica a proteger y a ayudar a los demás, luchando contra el crimen. Pero las radiaciones de la kriptonita, un mineral que se creó en el estallido de Krypton, lo pueden matar.*
¿No es fantástico?

Me chiflan las historias de los superhéroes.

Publicado por Miguel a las 10h18 am

- **comentarios | enlaces**

  Fernando dijo:

  Miguel, a mí también me encantan los cómics de los superhéroes. Visita mi blog y verás la lista que tengo.

  29/9/2021 a las 6h14 pm

2 Relaciona las expresiones a los hechos.

a. ¿De dónde rayos salió tanta gente?

b. ¡Qué despiste!

c. ¡Quién tiene prisa desliza!

d. Me quedé a cuadros.

e. ¡Qué chasco!

f. Vaya día...

○ Cuando iba por la acera, resbalé en un charco.

○ La luz se cortó y el ascensor paró... lo que me faltaba...

○ Había como diez personas estrujadas por falta de espacio.

○ Se me había olvidado el trabajo en el escritorio.

○ Corrí como un loco.

○ ¡Qué decirle al profesor!

3 Contesta a las preguntas según el texto.

a. ¿Cómo se llama el blog de Miguel?
_____

b. ¿De qué temas trata Miguel en su blog?
_____
_____

c. ¿Qué informaciones pone Miguel sobre si mismo en el blog?
_____
_____
_____

d. ¿Cuál fue el último *post* que escribió Miguel en el blog? ¿Cuándo?
_____
_____

e. ¿Tienes algún superhéroe favorito? ¿Quién es? Escribe algo sobre él.
_____
_____

4 De todos los comentarios, ¿cuál te pareció más original?
_____
_____

5 Ahora, déjale un comentario a Miguel sobre uno de los dos textos.
_____
_____

La Internet y los aparatos tecnológicos

1 Lee las palabras del recuadro y escribe el nombre de los aparatos con los que podemos conectarnos a Internet.

> móvil   ordenador   tableta   televisión
> reloj inteligente   videoconsola

a. _____

b. _____

c. _____

d. _____

e. _____

f. _____

2 Completa las frases con los nombres de los dispositivos que se conectan a Internet.

a. Además de divertirte con tus juegos favoritos, la _____ cada día tiene nuevas funciones, como ver tus películas favoritas o acceder a Internet.

b. El _____ es uno de los aparatos más populares. Además de las llamadas, nos permite realizar un par de funciones, como, por ejemplo, utilizar los servicios bancarios.

c. El _____ ya no sirve solamente para ver la hora, sino también facilita monitorear la frecuencia cardíaca.

d. Acceder a los canales abiertos o a tu cartelera de transmisión en directo son una de las opciones que la _____ inteligente te permite hacer.

e. El _____ es un dispositivo muy versátil con el que puedes hacer tus trabajos escolares, editar videos o preparar presentaciones.

f. Si quieres leer un libro, acceder a tus redes sociales, leer tus correos electrónicos, puedes utilizar la _____.

3 Relaciona los recursos digitales con sus respectivas definiciones.

a. blog   **c.** aplicación   **e.** correo electrónico

b. redes sociales **d.** clases virtuales   **f.** mensajería instantánea

○ Recurso de comunicación en tiempo real entre dos o más personas basado en texto, audios o imágenes, conectados a un dispositivo móvil.

○ Programa informático representado por iconos en la pantalla, bastante común en los dispositivos móviles, que facilitan el acceso a distintos recursos.

○ Sistema que permite el intercambio de mensajes y distintos tipos de archivos entre distintos usuarios interconectados por Internet.

○ Página *web*, normalmente de uso personal, con publicaciones de variados temas, organizadas de forma cronológica y actualizada regularmente.

○ Modalidad educativa complementaria o independiente que utiliza ambientes virtuales de aprendizaje y dispositivos tecnológicos, como los ordenadores.

○ Ambientes o comunidades virtuales en Internet compuestos por usuarios u organizaciones que se agrupan a partir de intereses o valores comunes.

4 ¿Qué aplicaciones más utilizas en tu rutina? Cuéntale a tu compañero cuáles son tus preferidas y por qué.

5 Lee la tira cómica y contesta a las preguntas.

LINIERS, Ricardo Siri. Sobrevivir a las redes sociales. *El País*, 30 jul. 2016. Disponible en: https://elpais.com/elpais/2016/07/31/eps/1469916004_146991.html. Accedido el: 6 abr. 2021.

a. ¿Por qué el personaje contesta que tiene tiempo?

___

b. ¿Se puede afirmar que hay una relación entre tiempo de vida y uso de las redes sociales? ¿Por qué?

___

___

c. ¿Cuánto tiempo te dedicas a las redes sociales? ¿Qué actividades los jóvenes pueden hacer si no están tanto tiempo conectados? Contesta oralmente.

¿Entiendes lo que oyes?

1 Escucha el perfil del dibujante español Marc Bernabé y completa los huecos.

Hace ya varios años que trabajo como _____ de manga y anime y adoro los cómics en general. Empecé a leerlos de niño: como buen chaval nacido en España, _____ leer lo que leían los chavales de mi _____: tebeos españoles como Mortadelo y Filemón y Zipi y Zape, así como obras francobelgas como Tintín y Asterix. Y me _____ series de televisión como Mazinger Z, Marco y Heidi, que en aquel momento no _____ que estaban hechas en Japón.

En mi adolescencia temprana, caí _____ el embrujo de Dr. Slump, Dragon Ball y muchos otros anime. En España teníamos la suerte de tener _____ de televisión que apostaron _____ emitir estas series. Capitán Tsubasa (Oliver y Benji), Yawara! (Cinturón Negro), Saint Seiya (Los caballeros del zodiaco), Ranma 1/2... Todas ellas fueron emitidas a _____ de los años 90 y marcaron a toda una generación.

Por supuesto, cuando los _____ de Dragon Ball fueron por fin publicados en castellano y catalán, en 1992, me convertí en un ávido lector de ellos, lo que me permitió descubrir el manga como una extensión de mi pasión por los cómics. Fue entonces cuando descubrí el idioma _____ y decidí que un día intentaría aprenderlo. [...]

Extraído de Marc Bernabé, *Masters of Manga*.
Disponible en: http://mastersofmanga.com. Accedido el: 21 feb. 2011.

2 Escribe **V** si la afirmación es verdadera o **F** si es falsa, según el texto.

a. ◯ En el texto, el autor habla del pasado y cuenta qué tebeos solía leer de niño.

b. ◯ El autor del texto trabaja como historietista.

c. ◯ Además de los cómics, al autor le gustaba ver telenovelas.

d. ◯ El manga le despertó el interés por el idioma japonés.

3 Ahora, contesta a las preguntas oralmente.

a. ¿Te gustan las historietas? ¿Sueles leer alguna en especial?

b. ¿Sabes dónde son producidas las historietas que lees?

c. Además de cómics, ¿qué te gusta leer?

¿Cómo se escribe?

La **y** / **e** y la **o** / **u**

1 Lee el texto y observa los destaques.

Recupera tu contraseña

¿Perdiste **u olvidaste** tu contraseña? Aquí vamos a explicar cómo recuperarla desde tu teléfono **u otro dispositivo** móvil:

- Selecciona «Iniciar sesión».
- Pulsa en «¿Olvidaste tu contraseña?» **y después** elige «Correo» o «Teléfono».
- Dependiendo de tu elección, a continuación, tienes que poner tu dirección de correo electrónico **o número** de teléfono, donde se te enviará un código de confirmación.
- Verifica tu dispositivo **e introduce** el código de confirmación en el apartado correspondiente **y crea** la nueva contraseña.

Texto elaborado especialmente para esta obra.

2 Ahora, observa los conectores destacados en el texto y escribe en el recuadro las palabras que los acompañan.

Uso de y / e	
En general se usa la **y**	
Se usa la e antes de palabras que empiezan por **i** e **hi**	
Uso de o / u	
En general se usa la **o**	
Se usa la u antes de palabras que empiezan por **o** y **ho**	

3 Mira los conectores y circula la opción correcta.

Cuida tu identidad digital

En las redes sociales tenemos mucha información personal, fotografías nuestras **y / e** de nuestros familiares, información sobre nuestros gustos **o / u** otros temas […]

Con tanta información al alcance, se pueden producir situaciones como el robo de identidad **o / u** la suplantación de identidad. […]

Tanto en un caso como en otro, el delincuente puede utilizar nuestra imagen **y / e** nuestros datos para realizar acciones delictivas.

Para evitar este problema, debemos tener mucho cuidado en entornos no seguros: equipos compartidos **o / u** públicos **y / e** redes WiFi no confiables. Si es posible, lo más prudente es no acceder desde estos sitios. Si lo hacemos, debemos recordar cerrar siempre la sesión al terminar, **y / e** no permitir recordar la contraseña. […]

OFICINA DE SEGURIDAD DEL INTERNAUTA. *El día que Alicia descubrió que había "otra" Alicia.*
Disponible en: www.osi.es/es/redes-sociales. Accedido el: 6 abr. 2021.

¿Vamos a leer?

1 ¿Sabes qué es **ciberacoso**? Lee la definición a continuación y discute con tu compañero las acciones que lo caracterizan.

¿Qué es ciberacoso?

Ciberacoso es acoso o intimidación por medio de las tecnologías digitales. Puede ocurrir en las redes sociales, las plataformas de mensajería, las plataformas de juegos y los teléfonos móviles. Es un comportamiento que se repite y que busca atemorizar, enfadar o humillar a otras personas. […]

UNICEF. *Ciberacoso*: qué es y como detenerlo. Disponible en: www.unicef.org/es/end-violence/ciberacoso-que-es-y-como-detenerlo#8. Accedido el: 6 abr. 2021.

2 Relaciona los ejemplos de *ciberacoso* con una de sus características.

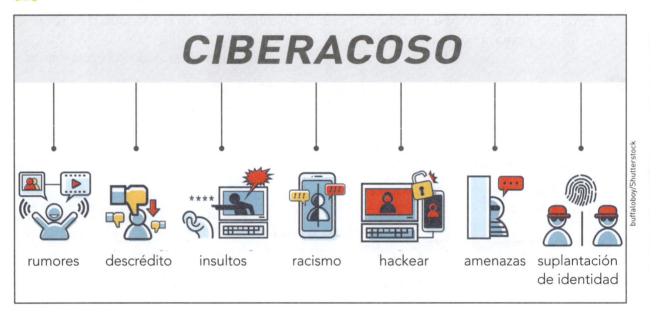

a. _____: provocar e intimidar constantemente a alguien en Internet.

b. _____: inventar y publicar historias en Internet sobre otra persona.

c. _____: invadir y apropiarse de datos de otras personas.

d. _____: insultar a alguien en Internet por su etnia.

e. _____: crear perfil con información privada de otra persona.

3 ¿Conoces otros ejemplos que pueden caracterizar el *ciberacoso*? Enuméralos.

_____
_____
_____

4 Lee la sección de preguntas frecuentes sobre el *ciberacoso* publicada por Unicef y verifica si hay alguna que te gustaría hacer. Después, habla con tus compañeros sobre las preguntas que más te llamaron la atención.

Ciberacoso: Qué es y cómo detenerlo

[...]

"¿Qué te gustaría saber sobre el *ciberacoso*?" Hicimos esta pregunta a los jóvenes y recibimos miles de respuestas de todo el mundo.

Reunimos a especialistas de UNICEF y a expertos internacionales en acoso cibernético y protección de la infancia, y colaboramos con Facebook, Instagram y Twitter para responder a las preguntas y ofrecer consejos sobre la manera de hacer frente al acoso en línea. [...]

¿Me están acosando en línea? ¿Cuál es la diferencia entre una broma y el acoso?

Todos los amigos se hacen bromas entre ellos, pero hay ocasiones en que es difícil saber si alguien solamente se está divirtiendo o si está tratando de herirte, sobre todo en línea. A veces te dirán, riéndose, que "era solo una broma" o que "no te lo tomes tan en serio".

Pero si te sientes herido o piensas que alguien se está riendo de ti y no contigo, entonces la broma ha ido demasiado lejos. Si continúa después de que le hayas pedido a esa persona que no lo haga más y sigues sintiéndote molesto, podría tratarse de acoso. [...]

¿Con quién debo hablar si alguien me está acosando en línea? ¿Por qué es importante denunciarlo?

Si piensas que te están acosando, lo primero que debes hacer es buscar ayuda de alguien en quien confíes, por ejemplo tu padre o tu madre, un familiar cercano u otro adulto de confianza.

En la escuela puedes hablar con un consejero, el entrenador deportivo o tu maestro(a) favorito(a).

Y si no te sientes cómodo(a) hablando con alguien que conoces, comunícate con una línea telefónica de ayuda en tu país para que puedas hablar con un consejero profesional.

[...]

Para que el acoso se detenga, no solo hay que detectarlo. Es fundamental denunciarlo. También puede ser importante mostrar al acosador que su comportamiento es inaceptable. [...]

¿Cómo puedo ayudar a un amigo a denunciar un caso de ciberacoso, especialmente si no quiere hacerlo?

Cualquiera puede convertirse en víctima de ciberacoso. Si ves que esto le está ocurriendo a alguien que conoces, procura ofrecerle apoyo.

[...]

Recuerda que posiblemente tu amigo(a) se siente indefenso(a). Trátalo(a) amablemente y ayúdale a pensar en lo que podría decir y a quién. Ofrécete a acompañarlo(a) si decide denunciar lo que le está ocurriendo. Pero lo más importante es recordarle que estás ahí para él o ella, y que quieres ayudarle. [...]

¿Existe algún castigo para el *ciberacoso*?

La mayoría de las escuelas consideran el acoso como un problema grave y toman medidas para combatirlo. Si hay estudiantes que te están acosando o intimidando, informa a tu escuela.

Las víctimas de cualquier forma de violencia, entre ellas la intimidación y el *ciberacoso*, tienen derecho a que se haga justicia y a que los culpables respondan por sus actos.

Las leyes contra el acoso, sobre todo el *ciberacoso*, son relativamente nuevas y todavía no existen en todas partes. [...]

UNICEF. *Ciberacoso*: qué es y como detenerlo. Disponible en: www.unicef.org/es/end-violence/ciberacoso-que-es-y-como-detenerlo#8. Accedido el: 6 abr. 2021.

5 Vuelve a leer la sección de preguntas frecuentes y escribe **V** si la afirmación es verdadera o **F** si es falsa.

a. ◯ Miles de jóvenes contestaron a la pregunta.

b. ◯ En una broma solo una persona se ríe y se divierte.

c. ◯ Si te sientes acosado, se te recomienda hablar con un desconocido.

d. ◯ Es importante escuchar y ayudar a un amigo que sufre *ciberacoso*.

e. ◯ Las víctimas del *ciberacoso* tienen el derecho a la justicia.

f. ◯ Las leyes contra el acoso existen en todos los países.

6 Ahora, contesta a las preguntas.

a. ¿Qué profesionales han ayudado a contestar a las preguntas sobre el acoso cibernético?
___
___

b. ¿Qué diferencia hay entre broma y acoso?
___
___
___

c. ¿Qué se le recomienda a una persona que no se siente segura para hablar del acoso con una persona conocida?
___

d. ¿Cómo crees que puedes protegerte de una situación de *ciberacoso*?
___
___
___

7 ¿Qué palabra en inglés se utiliza para referirse al *ciberacoso*?
___

Las **preguntas frecuentes**, también conocidas por su acrónimo en inglés **FAQ**, se refieren a una lista de preguntas y respuestas escritas que ayudan al usuario de Internet a aclarar las principales dudas relacionadas con un sitio o aplicación. Normalmente se presentan en forma de enlaces que nos llevan a una página de respuestas.

¿Cómo funciona?

La preposición

1 Lee el texto y complétalo con algunas de las palabras del recuadro. Después, escucha la grabación y comprueba lo que has hecho.

| a | con | ante | contra | para | hacia | incluso | de | por | bajo | desde |
| entre | hasta | según | en | sin | sobre | durante | tras | salvo | excepto |

¿Qué es un *webcómic*?

Un webcómic es una historieta, tebeo o cómic que se publica _____ Internet. Ese tipo de publicación permite que los autores divulguen sus obras de manera gratuita _____ blogs, _____ redes sociales o _____ plataformas específicas, alcanzando _____ un gran número de lectores sin la necesidad de llevar el trabajo _____ una editorial. Hay algunos *webcómics* que solo están disponibles _____ la red, mientras que otros son impresos, pero mantienen la versión _____ línea _____ el acceso del público.

Aunque muchos *webcómics* mantengan varias semejanzas _____ los cómics impresos, _____ duda cambian de formato cuando son publicados _____ Internet —se tienen que adaptar _____ los límites y parámetros de las redes sociales, _____ ejemplo—. Las posibilidades son muchas, pero algo es cierto: los aficionados de los cómics siguen consumiendo ese tipo de arte, sea _____ la pantalla de un smartphone o disfrutando el olor _____ papel de una publicación impresa.

Texto elaborado especialmente para esta obra.

2 Lee las frases y escribe las preposiciones en el recuadro.

a. Por la mañana, veo las notificaciones en las redes sociales.	
b. Voy a publicar unas fotos con mis amigos.	
c. ¿Qué novedades hay en Internet?	
d. Me enteré del blog por una amiga.	
e. Voy a entregar la tarea de la escuela por Internet.	
f. Espero al profesor en la sala de espera de la plataforma.	
g. Mi hermano trabaja de informático desde agosto.	

3 Elige la preposición que completa correctamente la información sobre el *webcómic* español *¡Eh, tío!*.

a. El creador **del / al / por** *webcómic ¡Eh, tío!* se llama Sergio Sánchez Morán.

b. Las tiras son creadas y publicadas **a / en / de** Internet cuatro veces a la semana.

c. Los webcómics españoles son conocidos **para / entre / por** su originalidad y creatividad.

d. Los contenidos de los *webcómics* son gratuitos **con / para / hasta** los aficionados de las historietas.

e. *¡Eh, tío!* es uno **de / a / con** los más extensos *webcómics* en cuanto **por / al / en el** número de tiras.

4 Elige las preposiciones y completa las frases.

| sobre | con (3) | en (2) | hacia | de (3) | entre |

a. Te prometo que _____ el lunes y el martes me registro en el sitio del colegio.

b. El blog moderno es una evolución _____ los diarios en línea.

c. _____ un poco _____ suerte terminaremos pronto esta búsqueda _____ Internet.

d. La tableta está _____ los libros.

e. _____ la llegada de Internet, muchos jóvenes se han transformado _____ influyentes.

f. Después _____ hacer las tareas, chateo un rato _____ mis amigos.

g. Algunas aplicaciones nos enseñan _____ dónde tenemos que ir.

114

Pretérito imperfecto de indicativo

1 Lee el fragmento de un reportaje sobre la vida antes de Internet y observa los verbos destacados.

¿Cómo era nuestra vida antes de tener *smartphone*?

Mucho hay que pensar para imaginarse sin teléfono móvil. Pero sí, antes de estar siempre pegado a un smartphone también **teníamos** vida social, amigos y nos **llegaban** eventos a los que asistir.

[…]

Rebuscando por Internet, porque nuestra memoria es incapaz de averiguar lo que **hacíamos** antes de la era móvil, hemos descubierto cosas bastante interesantes.

Una muestra de ello es pensar en el metro. Antes de ir enganchados al teléfono móvil la gente **era** capaz de ir en este transporte público sin hacer nada. Sí, ¡nada! Simplemente sentado o intentando enterarse de las conversaciones ajenas. ¿Lo recuerdas? Nosotros tampoco. […]

MÁSMOVIL. ¿Cómo era nuestra vida antes de tener smartphone?. Disponible en: https://blog.masmovil.es/como-era-nuestra-vida-antes-de-tener-smartphone/. Accedido el: 24 abr. 2021.

2 Ahora, relaciona los usos del pretérito imperfecto de indicativo con los ejemplos.

Se usa el pretérito imperfecto de indicativo cuando…	Ejemplos
a. hablamos de una actividad realizada durante un período de tiempo en el pasado.	◯ Soñé que **vivía** en un mundo virtual.
b. hablamos de algo que se repetía en el pasado.	◯ Ellos siempre se **comunicaban** por correo electrónico.
c. queremos hacer un pedido o expresar un deseo, como forma de cortesía.	◯ Mis padres **alquilaban** películas en el videoclub.
d. hablamos de cosas sucedidas en sueños.	◯ Lucía **estaba** muy contenta en la videollamada.
e. describimos los estados emocionales en el pasado.	◯ Yo **quería** comprar un nuevo ordenador.

3 Completa la tabla de verbos regulares teniendo en cuenta los verbos que se te dan.

	Yo	Tú	Usted	Él / Ella
Conectar	conectaba	conectabas	conectaba	
Guiar		guiabas		guiaba
Dar	daba		daba	daba
Estar		estabas		estaba
Ayudar	ayudaba		ayudaba	

	Yo	Tú	Usted	Él / Ella
Poder		podías	podía	podía
Tener		tenías	tenía	tenía
Existir	existía		existía	
Sentir		sentías	sentía	sentía

	Nosotros(as)	Vosotros(as)	Ustedes	Ellos / Ellas
Conectar	conectábamos	conectabais		conectaban
Guiar		guiabais	guiaban	
Dar	dábamos		daban	daban
Estar		estabais		estaban
Ayudar	ayudábamos		ayudaban	
Tener		teníais		tenían
Poder	podíamos		podían	
Existir	existíamos	existíais		existían
Sentir		sentíais	sentían	

> Fíjate que todos los verbos que terminan en **-ar** se conjugan como el verbo **elevar** y todos los que terminan en **-er** e **-ir** se conjugan como **tener** y **existir**, respectivamente.

4 Los verbos **ser**, **ver** e **ir** son irregulares. Observa las formas y completa el recuadro.

	Yo	Tú	Usted	Él / Ella
Ser		eras		era
Ver	veía		veía	
Ir	iba	ibas	iba	iba

	Nosotros(as)	Vosotros(as)	Ustedes	Ellos / Ellas
Ser	éramos	erais		eran
Ver	veíamos	veíais	veían	veían
Ir		ibais	iban	

5 ¿Cómo era la vida antes de la Internet? Lee las curiosidades y completa el texto con los verbos que se te dan.

Crear listas de música físicamente

Crear una lista de reproducción de canciones es bastante sencillo de hacer en estos días. [...]. Sin embargo, antes de la llegada de la red Internet _____ (haber) que hacerlo a mano, físicamente. _____ (ser) necesario poseer una cinta de casete en blanco que normalmente contaba con hasta 45 minutos en cada lado [...]. No _____ (haber) nada más detallista que alguien te regalara una lista de canciones hecha expresamente para ti. [...]

Salir de casa para socializar

Mucho antes de que existiera Internet [...], _____ (ser) necesario salir de casa para poder conocer a gente. [...] Si no _____ (salir – tú) de casa no _____ (tener – tú) la oportunidad de toparte con gente nueva ya fuese al ir al cine, alquilar una película al videoclub o comprar un disco de música [...] en tu tienda de música preferida. [...]

Usar la guía telefónica

Antes, cuando _____ (necesitar – tú) un fontanero, electricista o incluso _____ (querer – tú) pedir una pizza a domicilio, _____ (buscar – tú) en el mamotreto que _____ (suponer) la guía telefónica o las "páginas amarillas" para encontrar estos números de teléfono y llamar para solicitar el servicio en particular. Estas enormes guías en las que se _____ (emplear) una barbaridad de papel, son ahora una reliquia de coleccionista, pero antes de la red no _____ (haber) otra manera de encontrar números de personas y empresas. [...]

ROMERO, Sarah. Cosas que hacíamos antes de Internet. *Muy interessante*, 25 feb. 2021. Disponible en: www.muyinteresante.es/tecnologia/fotos/cosas-que-haciamos-antes-de-internet-931587991451/1. Accedido el: 6 abr. 2021.

¿Vamos a producir?

La ficha técnica

Las fichas técnicas se utilizan para describir los objetos que se exhiben al público en una exposición, principalmente en los museos. En esos textos, se encuentran informaciones relacionadas con la creación del objeto, su utilidad, materiales, dimensiones, origen y la importancia del objeto u obra en exhibición.

Mira un ejemplo de ficha técnica de un objeto.

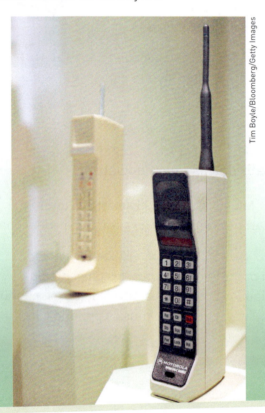

Tim Boyle/Bloomberg/Getty Images

Teléfono móvil

Modelo: DynaTAC 8000x

Fabricante y año: Motorola, 1984

País de origen: Estados Unidos

Fue el primer teléfono móvil comercial creado. Pesa 800 gramos y mide 33 centímetros de largo (25 centímetros sin la antena), 4,5 de ancho y 8,9 de grosor, era considerado un verdadero ladrillo, debido a su formato. Costaba 3995 dólares, que hoy equivaldría alrededor de 9460 dólares. La batería se demoraba casi 10 horas en cargar y permitía 30 minutos de conversación. Solo se utilizaba para hacer llamadas.

Ahora, sigue las etapas para producir una ficha técnica para un objeto tecnológico.

Preparación

1. Piensa en las actividades que realizas con tus aparatos conectados a Internet.

Recursos tecnológicos	
¿Qué aplicaciones más utilizas?	¿Para qué?

2. Elige una de las funciones enumeradas e investiga sobre el aparato que se utilizaba antes de la llegada de Internet para esa función.

3. Busca información sobre ese objeto, como modelo, fabricante, año de creación, país de origen, dimensiones, utilidades, curiosidades, etc.

Producción

1. Organiza la información que investigaste y escríbelas en una hoja, ubicándolas de acuerdo con las características de la ficha técnica.

2. Escribe el texto descriptivo acerca del aparato, informando cómo lo utilizaban antes de la llegada de la Internet e incluyendo características y curiosidades que sean pertinentes.

3. Elige una fotografía para ilustrar el objeto elegido.

Revisión

1. En parejas: elige a un compañero para que intercambien las producciones.

2. Revisa la ficha de tu compañero, verifica si trae información suficiente para los lectores y deja comentarios con sugerencias de corrección.

3. Devuelve la ficha de tu compañero y recibe tu ficha revisada por él.

4. Vuelve a leer la información de tu texto, evalúa los comentarios de tu compañero y haz las correcciones que sean pertinentes.

Versión final

1. Presenta el objeto elegido a tus compañeros de clase.

2. Escucha la presentación de tus compañeros y elige el objeto que te parece más curioso y que te gustaría ver personalmente.

¡Entérate!

Brecha digital

Las tecnologías de la información y comunicación (TIC) nos aportan muchos beneficios, como mayor acceso a la información. Sin embargo, no todos los ciudadanos pueden disfrutar de esas oportunidades. A esa diferencia entre los que pueden acceder a las TIC y los que están fuera del mundo tecnológico se le dice brecha digital. ¿Cómo crees que se puede reducir la brecha digital? Lee el texto para enterarte de ese tema.

Brecha digital en el Perú: ¿Cómo vamos y qué nos falta para acortarla?

Julio Melgarejo Bardales
Lima, 15 de marzo de 2021
Actualizado el 16/03/2021 12:39 p.m.

La pandemia por COVID-19 evidenció que en nuestro país la desigualdad en acceso a Internet y tecnologías de información aún está presente. La brecha digital, como también es conocida esta diferencia, ha provocado que perdamos la oportunidad de contar con una educación equitativa y de calidad, así como un desarrollo económico mayor que beneficie a todos los peruanos, indicaron expertos en el tema.

La brecha digital es un problema aún presente en el Perú.

Pero no es lo único que perdemos, puesto que la brecha digital también conlleva a que las personas menos favorecidas queden aisladas del desarrollo y no puedan acceder a empleos dignos. Además, las posibilidades de mejora de la sociedad se ven limitadas.

[...]

En términos prácticos, un país con una brecha digital significativa, como es el Perú, pierde oportunidades para prosperar, no solo en lo económico, sino también en áreas ligadas a la calidad de vida, acceso a mejores trabajos, educación, salud, comunicación, etc.

[...]

BARDALES, Julio Melgarejo. Brecha digital en el Perú: ¿Cómo vamos y qué nos falta para acortarla? *El Comercio*, Perú, 15 mar. 2021. Disponible en: https://elcomercio.pe/tecnologia/tecnologia/brecha-digital-en-el-peru-como-vamos-y-que-nos-falta-para-acortarla-educacion-alfabetizacion-digital-pandemia-que-hacer-futuro-noticia/. Accedido el: 6 abr. 2021.

1 Según el texto, ¿qué problemas relacionados con el uso de las tecnologías han agravado con la pandemia?

2 ¿Cómo las personas menos favorecidas sufren con esa brecha digital?

3 ¿Crees que en tu ciudad hay personas afectadas por la brecha digital? En tu opinión, ¿cómo se puede reducir ese problema?

Sigue explorando

Recorridos virtuales

Con los avances tecnológicos surgieron los recorridos virtuales, que son paseos interactivos sobre realidades creadas digitalmente que te permiten desplazarte, conocer y recorrer distintos espacios. Algunos museos y centros de arte en España y en Latinoamérica te invitan a entretenerte desde tu casa a partir de una experiencia única por sus pasillos, jardines y galerías. Conoce dos museos que ofrecen un recorrido virtual.

Palacio de Bellas Artes

El Museo del Palacio de Bellas Artes es un recinto cultural ubicado en la Ciudad de México. En ese recorrido virtual, puedes visitar el emblemático edificio, famoso por su arquitectura, y conocer los murales de Diego Rivera.

Casa Batlló

La Casa Batlló es uno de los edificios más importantes de Barcelona, creado por el arquitecto Antoni Gaudí. En ese recorrido virtual, puedes conocer desde las bellísimas ventanas hasta el famoso desván con cerámicas de vivo color.

Ahora, investiga otras opciones de recorridos virtuales en España y en Latinoamérica y elige el que más te guste para presentarlo en clase:

- Busca información en Internet.
- Selecciona imágenes, audios y/o videos de ese recorrido virtual.
- Organiza tu investigación en una presentación para compartir con tus compañeros.

Para explorar más

- ESCRIVÁ, Gemma Pasqual i. *Xenia, tienewn wasap*. España: Anaya, 2014.
  Ese libro cuenta la historia de Xenia, una chica que se esfuerza por terminar a tiempo los trabajos del Instituto y encontrar plan para el fin de semana.

- MODO avión. Dirección: Cesar Rodrigues. Brasil, Copa Studio, 2020.
  Tras algunos accidentes en coche, una famosa *influencer* digital se va a un pueblo a vivir totalmente desconectada de Internet.

- XPERIENCIA VIRTUAL. Disponible en: www.xperienciavirtual.es/es/proyectos/. Accedido el: 6 abr. 2021.
  En ese sitio se encuentran proyectos de realidad virtual desarrollados en los deportes.

UNIDAD 6

POR FIN... LAS VACACIONES

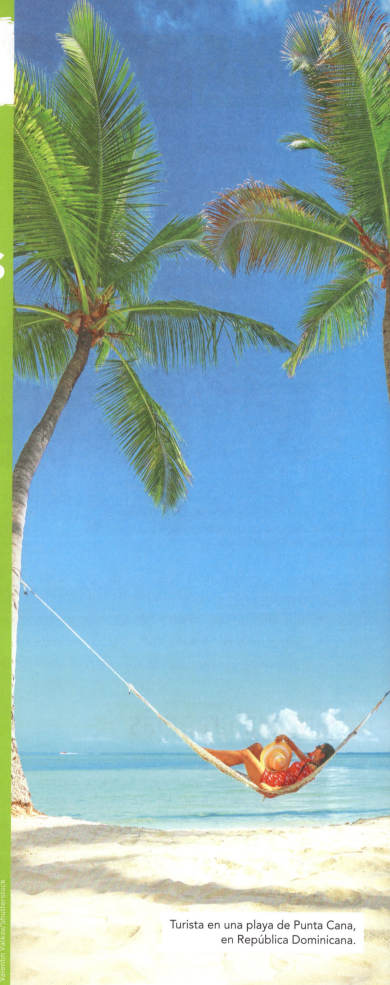

◆ ¿Adónde la turista de la fotografía viajó en sus vacaciones? ¿Cómo estaba el clima en ese día?

◆ ¿Conoces otros destinos para las vacaciones de verano? ¿Cuáles?

◆ En tu opinión, ¿qué importancia tienen las vacaciones para la salud de las personas?

Existen ciclos generales en los que estamos todos involucrados: los días y las noches, el trabajo y el descanso, las estaciones del año. Así que, después del invierno, deseamos que el sol se haga presente. Y cuando llega el verano, lo primero que pensamos es en relajarnos, viajar, en fin, practicar el ocio. ¿Vamos a aprender a hablar de las actividades del ocio y del tiempo libre?

Turista en una playa de Punta Cana, en República Dominicana.

¿Cómo se dice?

1 Escucha el texto y después identifica a los personajes en la ilustración a continuación.

Con la abuela y todo…

Me llamo Elisa y voy a contar cómo he pasado mis últimas y "molonas" vacaciones. En verano, como suele ocurrir todos los años, viajé con mi prima Loli. Fuimos a la playa y me encantó porque lo pasamos de maravilla. Algunas situaciones fueron muy graciosas y nos quedaron miles de recuerdos. Además de mi prima y yo, como de costumbre, iban tío Paulo, tía Lola y Lobo, el perro de mi prima, que siempre comparte las vacaciones con la familia. Pero este año había un nuevo personaje, la abuela Antonia. Claro que todos estábamos muy contentos con la ida de la abuela, pero es que, a veces, ella tiene unas cosas…

Bueno, primero, como es muy independiente, no dejó que la recogieran en su casa y llegó con mucho retraso. La esperamos por más de dos horas. Cuando finalmente apareció, estaba inconformada y se quejaba porque los taxis no le hacían caso. Mi prima y yo la mirábamos y nos entraban las ganas de reír. Creo que el motivo era muy sencillo, la abuela llevaba, entre muchas otras cosas, una tremenda jaula con su gato Félix.

En cuanto la vio, mi tío se quejó: "Pero, mamá, dijiste que el gato se quedaría con la vecina". Y la abuela: "Sí, hijo mío, pero es que me dio lástima, el pobrecito también necesita unas vacaciones, y además nunca ha ido a la playa". "Bueno, bueno, está bien", dijo por fin el tío Paulo, que es muy tranquilo y no quería disgustar a su madre. Nos imaginamos la reacción de Lobo, que no es muy amigo de gatos.

Otra dificultad fue colocar todo el equipaje de la abuela en el coche: una colchoneta, una almohada, una manta, además de la maleta con ropa. Tío Paulo sudaba para ordenar tantos paquetes y maletas. Después de estos pequeños incidentes, conseguimos salir.

En la autopista, todos miraban el coche cargado hasta arriba. Durante tres horas de camino, fuimos oyendo una sinfonía de maullidos y ladridos.

Por fin, llegamos a la casa que mi tío había alquilado en una de las playas más hermosas y tranquilas que jamás he visto en mi vida. ¡Qué alegría llegar al destino!

Mientras descargábamos el coche, tío Paulo, con un tremendo manojo de llaves, intentaba abrir la puerta y decía: "Esta no es… esta tampoco… ni esta… a ver esta… no, no… debe de ser esta… ¡Caramba!, ¿cuál será la llave?" La abuela empezaba a impacientarse y le decía: "Pero, hijo…, ¿es que no sabes abrir una puerta? Date prisa, necesito hacer pis". Después de varios y varios intentos, tía Lola sugirió que llamase a la inmobiliaria, así descubrimos que habían cambiado las llaves. No podíamos entrar en la casa hasta la mañana siguiente, cuando alguien las llevaría. ¡Qué rollo!

Pasamos la noche dentro del coche delante de la casa, con el perro y el gato. Y la abuela, muy sabia, no se molestó, pues se había prevenido con su colchoneta, su almohada y su manta. Pasamos toda la noche contando las estrellas…

¿Queréis saber cómo terminaron nuestras vacaciones? Los días siguientes lo pasamos fenomenal… Íbamos a nadar, jugábamos, comíamos, dormíamos, leíamos y nos reíamos mucho; todos juntos, ayudando y cooperando los unos con los otros.

En cuanto a Lobo y Félix, en estas vacaciones se hicieron grandes amigos.

2 Ahora contesta a las preguntas sobre el texto.

a. ¿En este viaje iban los mismos protagonistas de siempre?

b. Para Elisa, ¿cuál fue el motivo por que los taxistas no le paraban a la abuela?

c. Además del gato, ¿qué más llevaba la abuela?

d. Cuando finalmente llegaron al destino, ¿qué descubrieron?

e. Elisa nos dice que pasaron "toda la noche contando las estrellas". Eso quiere decir que:

○ no pudieron dormir.

○ durmieron muy bien.

f. Y la abuela, ¿cómo pasó la noche? ¿Por qué?

g. Y después, ¿cómo terminaron las vacaciones?

3 ¿Qué situación del texto te pareció más interesante o graciosa? Escríbela.

Actividades de ocio

1 Aparte de viajar, existen otras actividades de ocio que se pueden hacer en vacaciones. Mira las secciones y completa la guía del ocio con las palabras del cuadro.

| Viernes | 30 de abril | 2021 | Página de inicio | Añádenos a favoritos | Escríbenos |
| Cine | Televisión | Videojuegos | Música | Libros |

Preestrenos | Estrenos | Cartelera | Actores y actrices | Directores | Festivales | Películas | Trailers | Actualidad

Cine

Destacado

Hoy se arregla el mundo: David Samarás, el presentador del popular *talk show* llamado *Hoy se arregla el mundo*, ayuda a su hijo a encontrar a su verdadero papá.

Próximos estrenos

- Zog y los doctores voladores
- D'Artacán y los tres Mosqueperros
- ¡Upsss 2! ¿Y ahora dónde está Noé?
- Mamá o papá

Más preestrenos…

Prodigios: Boris Izaguirre y Paula Prendes buscan al mejor joven talento de instrumental, canto o danza, todo ello de corte clásico.

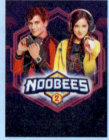

Noobees: Silvia y el mundo de los deportes vuelve en la segunda temporada con nuevos episodios.

_____ de la semana

Ben y el dragón: Drago ha tenido que esconderse en el bosque. Realmente quiere mostrarle a la generación mayor que es un verdadero dragón.

El universo de Clarita: Clara es una niña curiosa, a quien le encanta conocer y aprender sobre el universo.

Érase una vez: Las aventuras de Alicia y Peter, antes de entrar en el mundo de las maravillas y de convertirse en Pan.

Fifa 21: El nuevo juego te brinda la más realista experiencia del juego de fútbol del mundo.

Ring Fit Adventure: Disfruta de una aventura épica ejercitándose en *Ring Fit Adventure* para Nintendo Switch.

Soul: Un profesor de música, tras perder la pasión, se transporta fuera de su cuerpo al "Gran Antes" y necesita encontrar el camino de regreso con la ayuda de un alma infantil.

Trailers

- Scooby!
- Godzilla vs Kong
- Las leyendas: el origen
- Trolls 2: World tour
- Batman y Superman: el amanecer de la justicia

Percy Jackson y los dioses del Olimpo V: En el último libro de la saga, Percy Jackson y los olímpicos se esfuerzan por mantener a raya la furia desatada del monstruo Tifón.

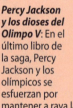

Largo pétalo de mar: Isabel Allende cuenta la historia de Víctor Dalmau, un joven médico. Junto a Roser Bruguera, su amiga pianista, él tiene que abandonar Barcelona, en España, para exiliarse en Francia cruzando los Pirineos.

Mis manos: En su segundo álbum de estudio, el cantautor y productor colombiano Camilo nos brinda con su estilo romántico urbano.

Un canto por México: Con su premiado álbum, Natalia Lafourcade arropa catorce canciones que nos recuerdan las raíces de la cultura mexicana.

2 Ahora, contesta oralmente a las preguntas según las informaciones de la guía del ocio.

a. En tu opinión, ¿qué programaciones pueden ser disfrutadas en la televisión por toda la familia?

b. ¿Crees que las opciones de videojuegos están buenas para qué tipo de público?

3 ¿Qué actividades de la guía del ocio te gustan más? ¿Por qué?

_____
_____
_____

4 Relaciona las palabras con las imagenes de las opciones de ocio. Escribe dos ejemplos más para cada una de ellas.

○ pieza   ○ *ballet*   ○ electrónica
○ poema   ○ terror   ○ biografía
○ ciencia ficción ○ reguetón   ○ monólogo
○ novela   ○ aventura   ○ salsa

1. Géneros de películas
   • _____
   • _____

2. Espectáculos y presentaciones
   • _____
   • _____

3. Géneros musicales
   • _____
   • _____

4. Géneros literarios
   • _____
   • _____

5 Contesta oralmente a las preguntas.

a. ¿Cómo aprovechas tu tiempo libre?

b. ¿Qué debemos hacer para aprovechar mejor nuestros fines de semana?

¿Entiendes lo que oyes?

1 ¿Qué actividades te divierten en tu tiempo libre? Marca en la lista las que te hacen reír.

- ◯ Leer historietas.
- ◯ Contar chistes.
- ◯ Ver una película de comedia.
- ◯ Leer una novela.
- ◯ Hablar con mis amigos.
- ◯ Dormir.
- ◯ Escuchar música.
- ◯ Oír una anécdota chistosa.
- ◯ Leer una biografía.
- ◯ Estudiar.

2 Escucha el audio y contesta: ¿Cuál es la importancia del sentido del humor para la vida?

3 Escucha una vez más el texto y completa el fragmento.

La risa

¿De qué nos _____? De un _____, un gesto, un despiste, una anécdota, etc. La risa es _____ manifestación de _____ y nos provoca bienestar. Es una _____ altamente _____. _____ alguien _____ a reírse, los que están cerca _____ a reírse también. [...]

A todos nos gusta _____ y especialmente los _____ porque celebran las _____, disfrutan las expresiones de buen _____ y _____. [...]

El _____ del humor es tan _____ en la vida como el respeto, el _____ y la disciplina. ¿Que es _____ ? Estar al lado de una _____ de buen humor o de una que vive _____ de la vida y de mal humor?

4 Señala si las afirmaciones son **F** (falsas) o **V** (verdaderas) según el audio.

a. ◯ A las 26 horas de nacer, un bebé ya puede esbozar una sonrisa.

b. ◯ Los adultos ríen alrededor de doscientas veces al día y los niños solo entre quince y veinte.

c. ◯ Con cada risa se activan más de cuatrocientos músculos, se levanta la autoestima y se reducen el estrés y el miedo.

d. ◯ En Alemania, se le ha dedicado un día mundial a la risa: el primer domingo de mayo.

e. ◯ Reír no es muy fácil y consiste en contraer todos los músculos de la cara que estiran los labios.

5 ¿Qué te parece la idea de entrenar la gente a reír? Charla con tus colegas.

¿Cómo se escribe?

La acentuación

1 Escucha el audio, observa las imágenes y completa el texto.

Disfruta de tus vacaciones en contacto con la naturaleza. _____ puedes descansar a la sombra de _____, oyendo la _____ de los _____, hacer caminatas, andar en bici o a caballo y otras actividades de _____. Otra _____ es la playa, pasear por la orilla del mar, sintiendo la brisa _____.

En cada palabra de más de una sílaba, hay siempre una que se pronuncia con más intensidad que las demás. Esa sílaba se llama **sílaba tónica**. Ejemplos: al**gún**, **ár**bol, **pá**jaros, natura**le**za, ha**cer**, etc.
En español solo existe un acento ortográfico, que se llama **tilde** (′). Como se puede ver en los ejemplos, la tilde no se pone en todas las sílabas tónicas.
Fíjate que, en español, algunas palabras se escriben como en portugués, pero se pronuncian de manera distinta; por ejemplo, **burocracia**, **elogio**, **cerebro**, etc.

2 Rellena el cuadro y señala la sílaba tónica según convenga.

	Antepenúltima sílaba	Penúltima sílaba	Última sílaba
descansar			
caballo			
orilla			
sombra			
opción			
pájaros			
brisa			
marina			
pasear			

3 Coloca las palabras del ejercicio anterior donde corresponda. Fíjate en la sílaba tónica.

Proparoxítonas o esdrújulas (antepenúltima sílaba)	Paroxítonas, graves o llanas (penúltima sílaba)	Oxítonas o agudas (última sílaba)

4 Ahora observa las palabras del cuadro y descubre cuándo se usa la tilde.

- **Oxítonas** o **agudas** terminadas _____ llevan tilde, como en papá, café, marroquí, nació, menú, opción, algún, encontrarás, además, etc.

- **Paroxítonas**, **graves** o **llanas** terminadas en _____ llevan tilde, como en árbol, lápiz, carácter, césped, tórax, álbum, etc.

- Todas las **proparoxítonas** o **esdrújulas** _____, como en música, pájaros, gastronómica, físico, sílaba, etc.

5 Pon la tilde en las palabras que deben llevarla.

Oxítonas o agudas	Paroxítonas, graves o llanas	Proparoxítonas o esdrújulas
ciudad	taxi	pajaro
cancion	arbol	acuatico
jardin	historia	musculos
algun	lapiz	ultimo
autobus	caracter	panico
alli	imbecil	minimo

6 Lee el texto y pon la tilde correctamente en las palabras a continuación.

Cuando vayas a la playa, haz ejercicios y aprovecha al maximo. Existen muchos deportes acuaticos que puedes disfrutar en ese ambiente. La natacion es un deporte completo, porque hace trabajar todos los musculos del cuerpo, y es una buenisima opcion.

Si no te gusta nadar en el mar, puedes dar largos paseos por la playa, alli donde la arena este humeda, o jugar al balon, como voleibol o futbol. Pero no te olvides que la playa tambien es un lugar excelente para leer un libro, descansar, observar el mar, disfrutar de un bonito atardecer y despues de las estrellas.

¿Vamos a leer?

1 ¿Qué momentos te parecen importantes a la hora de registrar un viaje? Cuéntale a tu compañero.

2 Lee la historieta y verifica si registrarías las mismas actividades que el protagonista.

Ricardo Siri Liniers nació en 1973 en Buenos Aires, Argentina. Estudió publicidad hasta darse cuenta de que lo que quería era ser dibujante. Actualmente, publica historietas en periódicos argentinos. La serie de libros *Macanudo* es su obra más conocida.

LINIERS, Ricardo Siri. *Conejo de viaje*. Barcelona: Mondadori, 2007.

3 Contesta a las preguntas.

a. ¿Quiénes son el protagonista y el narrador del texto? ¿Cómo lo puedes identificar?

_____
_____
_____
_____

b. ¿Qué elementos utiliza el autor para contar el viaje? ¿Cuál es el efecto de esa elección en el texto?

_____
_____
_____
_____
_____
_____

c. ¿Qué actividades hizo el conejo en ese viaje?

_____
_____
_____

4 Marca la respuesta correcta.

a. La repetición de los verbos caminar y mirar:

○ demuestra la falta de creatividad del autor.

○ enfatiza las actividades que más hizo durante el viaje.

○ expresa que el protagonista no aprovechó el viaje.

b. ¿Qué estrategias utiliza el autor para señalar el paso del tiempo indicando la duración del viaje?

○ El uso del verbo pensar y los personajes de la historieta.

○ La repetición del verbo dormir y el cambio de ropa del conejo.

○ La ausencia de recursos no verbales.

> La **historieta** es una narrativa gráfica constituida por una serie o secuencia de viñetas, que pueden mezclar lenguaje verbal y no verbal, es decir, palabras escritas, dibujos y variados recursos gráficos. Además, ese género de gran circulación, publicado en libros, revistas y periódicos impresos o digitales, tiene como característica el tono humorístico en sus historias.

¿Cómo funciona?

Pretérito perfecto simple y compuesto

1 Lee el titular de una entrevista con Ricardo Darín, un actor argentino, y observa los verbos destacados.

> **Ricardo Darín:** "**He tenido** mucha suerte en mi carrera, siempre **encontré** manos extendidas para defenderme"

LLADÓS, Gustavo. *La Nación*. 25 abr. 2020. Disponible en: www.lanacion.com.ar/espectaculos/personajes/ricardo-darin-nid2356508/. Accedido el: 15 abr. 2021.

a. ¿Qué sentido tienen las formas destacadas?

○ Planes futuros.　　○ Acciones pasadas.　　○ Hábitos presentes.

b. ¿Cuántas formas se ha utilizado para hablar del pasado?

○ Dos formas: he tenido y encontré.　　○ Una forma: encontré.　　○ Una forma: he tenido.

2 Elige una de las formas verbales de pretérito entre paréntesis y escríbela en el hueco. Después, escucha el audio y comprueba tus aciertos.

Ayer _____ (**celebré / he celebrado**) mi cumpleaños, y no _____ (**faltó / ha faltado**) ningún invitado. Me _____ (**cantaron / han cantado**) el cumple a las nueve de la noche, y me lo _____ (**pasé / he pasado**) bien, porque todo _____ (**salió / ha salido**) como esperaba.

_____ (**Recibí / He recibido**) muchos regalos, pero el que más me _____ (**agradó / ha agradado**) fue una tarjeta grande con un montón de dedicatorias que me _____ (**escribieron / han escrito**) mis amigos. Me _____ (**emocioné / he emocionado**) con el cariño de todos. Los otros regalos también me _____ (**gustaron / han gustado**).

Hoy me _____ (**levanté / he levantado**) un poco tarde y _____ (**empecé / he empezado**) a guardar todos los regalos. _____ (**decidí / he decidido**), ya que soy un añito más vieja, organizarme mejor. Ahora, tengo que parar, porque mi madre ya me _____ (**llamó / ha llamado**) para comer.

3 Lee una vez más el texto de la actividad 2 y completa la regla.

- En el primer párrafo, para expresar acciones pasadas, en un período de tiempo acabado ("Ayer…"), se utiliza el **pretérito perfecto** _____.

- En el segundo párrafo, para expresar acciones pasadas, en un período de tiempo no acabado ("Hoy…"), se utiliza el **pretérito perfecto** _____.

4 Ahora rellena la tabla de verbos según convenga.

a. Pretérito perfecto simple:

	Hablar	**Entender**	**Recibir**
(yo)	hablé	entendí	
(tú)		entendiste	recibiste
(usted)	habló		recibió
(él / ella)	habló	entendió	
(nosotros/as)	hablamos		recibimos
(vosotros/as)		entendisteis	recibisteis
(ustedes)	hablaron	entendieron	
(ellos / ellas)			recibieron

b. Pretérito perfecto compuesto:

	Hablar	**Entender**	**Recibir**
(yo)		he entendido	he recibido
(tú)	has hablado	has entendido	
(usted)	ha hablado		ha recibido
(él / ella)	ha hablado	ha entendido	
(nosotros/as)		hemos entendido	hemos recibido
(vosotros/as)	habéis hablado	habéis entendido	
(ustedes)			han recibido
(ellos / ellas)	han hablado	han entendido	

> Fíjate que el pretérito perfecto compuesto se forma con el presente del verbo **haber** y el participio del verbo principal. Observa los verbos que, tanto en el **pretérito perfecto simple** como en el **compuesto**, se conjugan como:
> - **hablar**: acertar, amar, llamar, cantar, bailar, llorar, cerrar, estudiar, mandar, nadar, jugar, volar, dar, estar, andar, etc.;
> - **entender**: correr, comer, beber, parecer, perder, deber, encender, leer, vender, etc.;
> - **recibir**: vivir, partir, dirigir, reunir, salir, prohibir, sufrir, añadir, percibir, insistir, etc.

5 Observa los marcadores de tiempo y conjuga los verbos en el tiempo indicado.

Pretérito perfecto simple: acción pasada en un período de tiempo acabado.

a. Anoche me _____ (acostar) muy tarde.

b. Ayer ellos _____ (salir) de viaje.

c. La semana pasada nos _____ (reunir) en la casa de Raúl.

d. El año pasado vosotros _____ (perder) el examen final.

Pretérito perfecto compuesto: acción pasada en un período de tiempo no acabado.

e. Hoy nosotras _____ (salir) temprano.

f. Todavía no _____ (llegar) el cartero.

g. Este mes _____ (leer) muchos libros de aventura.

h. Esta mañana ellos se _____ (despertar) tarde.

6 Señala el marcador temporal y utiliza el pretérito perfecto simple o el compuesto.

a. Esta tarde _____ (llover) mucho.

b. Ayer _____ (perder) el tren de las ocho y nos _____ (retrasar).

c. ¿Todavía no _____ (terminar) de hacer tu maleta?

d. Este año los niños _____ (correr) en el maratón infantil.

7 Completa el diálogo con los verbos del cuadro.

| han salido | sacamos | han montado | ha pasado | desanimó | calló |
| convencí | hemos llamado | hemos venido | salió | fueron | |

Jaime ¡Hola, Rafael! ¿Qué _____?

Rafael Nada especial. Pensábamos venir antes, pero anoche, cuando _____ el coche del garaje, el motor hacía un ruido extraño y de pronto sé _____.

Denise Sí, y esta mañana _____ al mecánico para arreglarlo.

Jaime ¡Qué lío!

Rafael Denise se _____ y ya no quería venir, pero la _____. Y _____ bien, porque la carretera estaba libre. Creo que la mayoría de las personas _____ ayer.

Jaime Menos mal, ¿no?

Denise Y los niños, ¿dónde están?

Jaime _____ con Cristina, creo que _____ al parque de diversiones que _____ aquí en la playa.

Denise Entonces voy a encontrarme con ellos.

¿Vamos a producir?

El relato personal

El relato personal es un texto escrito u oral que se utiliza para narrar algún hecho o experiencia de carácter personal. Actualmente, se pueden encontrar relatos u otros contenidos orales publicados en formato de *podcast*, a los que se pueden acceder para escucharlos desde un teléfono u otro dispositivo móvil. El guion que orienta la grabación de los audios incluye la banda sonora, los efectos de sonido y cada parte hablada.

Escucha el relato personal que una chica hizo en un *podcast* y lee el guion que ella utilizó para orientar la grabación.

VIAJES INOLVIDABLES
Programa 22 – Un viaje a Bogotá

	Introducción
	Efecto: música de fondo (5 segundos).
Locutora	¡Bienvenidas y bienvenidos al *podcast Viajes inolvidables*! Me llamo Mercedes, me encanta viajar y hoy les voy a contar como fue mi último viaje.
	Desarrollo del tema
Locutora	Este año mi familia y yo hemos pasado las vacaciones en Bogotá, la capital de Colombia. Elegimos quedarnos en la Candelaria, el barrio histórico de la ciudad, en una casa de más de 400 años que guarda muchas historias.
	Como las noches eran heladísimas, siempre prendíamos la chimenea y contábamos historias de terror mientras tomábamos chocolate caliente. Por cierto, ¡a mí me encantó la comida colombiana! Arepas, chocolate caliente, tamales… Hmmmmm. Bueno, volviendo al tema de la casa: dicen que, en las casas antiguas de la Candelaria, viven los fantasmas de sus antiguos moradores. ¡Queríamos mucho que la casa fuera embrujada!
	Todas las noches esperábamos que ocurriera algo raro. Unas cuantas veces temblamos del susto por creer haber visto un espectro, pero era solo el gato de la vecina pasando por la ventana. ¡Ja, ja! ¡Pobrecito!
	Efecto: sonido fantasmagórico al fondo (2 segundos).
	Además, algunos de los pisos de madera de la casa se hundían por lo viejos que eran y nos asustábamos al pasar por ahí. Quién sabe lo que se esconde debajo de una casa tan antigua.
	Efecto: sonido de madera vieja al fondo (2 segundos).
	Al final, no hemos visto ningún fantasma y tampoco hemos caído en un hueco ancestral debajo de los pisos, pero disfrutamos unos días mágicos en esa casa histórica del barrio más hermoso de Bogotá.
	Cierre
Locutora	Ese fue mi viaje inolvidable. No te pierdas el próximo episodio.
	Efecto: música de fondo sube (5 segundos).

Ahora, sigue las etapas para grabar un episodio de *podcast* con tu relato personal.

Preparación

1. Piensa en una historia curiosa sobre tus vacaciones o tu tiempo libre y organízala en el recuadro.

Título del episodio:	
¿Qué te ha pasado?	
¿Dónde y cuándo?	
¿Había más gente contigo? ¿Quiénes?	
¿Cómo era la situación?	
¿Cómo terminó la historia?	

2. En una hoja aparte, escribe el guion para ayudarte en la grabación del episodio.

3. Revisa el guion y haz las correcciones que sean necesarias.

4. Elige una plataforma para compartir los audios en la etapa final.

Producción

1. Con la ayuda del profesor, define la duración que tendrá tu episodio del *podcast*.

2. Organiza los aparatos que sean necesarios para grabar el episodio.

3. Al empezar, saluda a los oyentes y preséntate. Antes de finalizar la grabación, invita los oyentes a escuchar el próximo episodio.

Revisión

1. Escucha la grabación de tu episodio y verifica si te escuchas bien y si la entonación está adecuada.

2. Define si va a ser necesario editar o regrabar el audio.

Versión final

1. Presenta la versión final del episodio de *podcast* a tus compañeros de clase.

2. Elige los episodios más divertidos o curiosos.

Vacaciones en la pandemia

En los años 2020 y 2021, las vacaciones escolares se vieron afectadas por la pandemia, sobre todo, por los protocolos de bioseguridad, necesarios para evitar el contagio por el virus. ¿Crees que se puede disfrutar de las vacaciones a pesar de las restricciones? ¿Qué cuidados te parecen necesarios? Lee el texto para enterarte de ese tema.

Adolescentes de vacaciones: ¿cómo divertirse respetando las medidas de protección frente al virus?

Roxana Ibañez Machado
12/07/2020 08:00 Actualizado a 12/07/2020 10:52

Estamos de lleno en la "nueva normalidad" y eso implica medidas de higiene y distanciamiento social para protegernos de la Covid-19, [...] Para los padres de algunos adolescentes, e incluso para ellos mismos, la situación puede acabar convirtiéndose en una aventura divertida o una situación amarga. Depende de muchos factores.

Para enfocarlo mejor, se trata de no mirar solo el lado negativo de este verano marcado por la protección. Al contrario, nos puede aportar grandes beneficios, indican desde el Col.legi de Pedagogs de Catalunya (Copec), que valora este proceso como un aprendizaje para salir de él mejores y más sensibles, apuntan.

"Gracias a esta crisis, los chicos y chicas podrán clarificar sus relaciones con los adultos, pero también con sus amigos [...]. Ahora podrán determinar el grado de amistad y de relación que tienen con cada uno", agrega Jordi Puig Voltas, presidente de Consejo Social del Copec.

La gran dificultad es pedirles a los adolescentes que lleven la mascarilla y respeten del distanciamiento social en un tiempo de vacaciones, ocio y relaciones de amistad o amoríos. A los padres les puede llegar a resultar agobiante. Aunque no tiene por qué serlo. [...]

MACHADO, Roxana Ibañez. Adolescentes de vacaciones: ¿cómo divertirse respetando las medidas de protección frente al virus? *La Vanguardia*. 12 jul. 2020. Disponible en: www.lavanguardia.com/vivo/mamas-y-papas/20200712/482231466456/adolescentes-verano-coronavirus.html. Accedido el: 12 abr. 2021.

1 Según el texto, ¿qué medidas de seguridad son necesarias en la "nueva normalidad"?

2 ¿Cómo el distanciamiento social puede afectar las relaciones de los adolescentes?

3 ¿Cómo puedes colaborar para que las vacaciones sean seguras?

Sigue explorando

Estrenos del cine español y latinoamericano

La producción cinematográfica española y latinoamericana nos ha brindado con premiadas películas. Conoce dos películas españolas premiadas en el año 2021.

Uno para todos (David Iludain, España, 2020)

La película *Uno para todos*, de David Iludain, fue nominada al premio Goya 2021. Cuenta la historia de un profesor interino que asume la tarea de ser tutor de sexto de primaria en un pueblo completamente desconocido para él y enfrenta un importante desafío para integrar uno de los alumnos en el aula.

La gallina Turuleca (Eduardo Godell y Victor Monigote, España, 2020)

La gallina Turuleca fue la película ganadora del premio Goya 2021 de mejor animación. Turuleca es una gallina singular que no puede poner huevos, lo que provoca burlas del resto del gallinero. Un día, su exprofesora de música descubre su gran talento oculto: cantar de forma maravillosa.

Ahora, investiga otras opciones de películas en España y en Latinoamérica y elige la que más te guste para presentarla en clase:

- Busca información en Internet.
- Selecciona imágenes, audios y/o videos de esa película.
- Organiza tu investigación en una presentación para compartir con tus compañeros.

Para explorar más

- GUÍA del Ocio. España. Disponible en: www.guiadelocio.com/. Accedido el: 12 abr. 2021.
  En ese sitio se encuentra la programación de actividades de ocio y tiempo libre, como cine, teatro, danza, espectáculos, etc. de España.

- LAS LEYENDAS: el origen. Dirección: Ricardo Arnaiz. México: Ánima Estudios, 2021.
  La nueva película de la saga de las leyendas narra las aventuras de los niños Calavera que tienen que cuidar a un bebé humano, después de cruzar el espejo eterno.

- TANNER, Lian. *La senda de las bestias*. España: Anaya, 2018.
  En el último libro de la saga de los guardianes, la quinta guardiana del Museo de Coz deberá recorrer la senda de las bestias para salvar a los niños.

- TODO-CLARO.COM: ejercicios de español. Disponible en: www.todo-claro.com/castellano/intermedio/gramatica/Los_pasados/Seite_1.php. Accedido el: 15 abr. 2021.
  Actividades interactivas de repaso y sistematización del pretérito perfecto simple.

REPASO

Unidad 1

1 Completa las informaciones sobre Buenos Aires con los verbos **haber** o **tener**.

El Caminito, en el barrio La Boca, uno de los atractivos turísticos de Buenos Aires.

a. En Buenos Aires _____ ferias y eventos culturales todo el año.

b. El barrio La Boca _____ una magia y autenticidad increíbles.

c. Entre dos de las más importantes avenidas _____ un monumento famoso: el Obelisco.

d. En Puerto Madero _____ muchos restaurantes y asadores.

e. La feria de San Telmo _____ muchas artesanías, mate, cómics y antigüedades.

f. La ciudad de Buenos Aires _____ más de 3 millones de habitantes.

g. En la Recoleta _____ un importante museo de arte latinoamericano.

2 Observa el mapa y completa los diálogos a continuación con las indicaciones correctas.

Plano turístico de Mérida, en España (iMaGeM CreaTiVos, Mérida, s.d.).

a. En la Plaza de Santa María.

Señora	Dime, hija, por favor, ¿cómo llego a la estación de autobuses?
Chica	Con mucho gusto, señora. _____

_____

Señora	Muchas gracias.

b. En la Puerta de la Villa.

Chico	Por favor, ¿sabes dónde está la calle de Trajano?
Chica	Sí, estás muy cerca. _____

_____

Chico	Gracias.

3 Mira las imágenes y escribe el nombre de los establecimientos públicos.

a.

b.

c.

d.

e.

f.

4 Completa las frases con la forma correcta de uno de los verbos.

a. Las tiendas _____ a las diez de la noche. (cerrar – negar)

b. El guía turístico _____ los puntos turísticos de Lima, en Perú. (soñar – mostrar)

c. Los niños _____ a estudiar a las ocho y media. (empezar – apretar)

d. Siempre (yo) _____ en el comedor del colegio. (aprobar – almorzar)

e. Mi padre _____ la comida en su trabajo. (calentar – fregar)

f. Mis vecinos _____ al fútbol en el club del barrio. (colgar – jugar)

Unidad 2

1 ¿Vamos a preparar una riquísima macedonia y aprovechar las frutas que tenemos en el frutero?

a. Escucha la receta y completa los huecos.

Macedonia

¿Qué lleva?

1 _____

1 _____

1 _____

2 _____

1 _____

1 _____

Si no tienes _____, puedes ponerle también _____.

Un poco de _____ y _____ para que esté más rico.

¿Cómo se hace?

Lo primero que hay que hacer es _____ las frutas.

La _____, la _____ y el _____ se cortan en cuadraditos, y los _____ y el _____, en rodajas. Los _____ de las mandarinas o naranjas pequeñas se cortan por la mitad.

Las frutas ya cortadas se mezclan en un bol con un poco de _____ y _____ y… ¡a comer!

Texto elaborado especialmente para esta obra.

b. ¿Qué frutas le añadirías a la macedonia para dejarla más atractiva y sabrosa?

_____

_____

_____

c. ¿Qué otra receta fácil y sabrosa recomiendas como postre? Escríbela en tu cuaderno y léela a tus compañeros.

2 Descubre y escribe la palabra intrusa.

   a. el aceite / el pimiento / la sal / la cebolla / la manzana

   _____

   b. la lechuga / la espinaca / el pollo / la col / la berenjena

   _____

   c. la zanahoria / el agua / el refresco / la leche / el zumo

   _____

   d. la papaya / el melón / la pera / el huevo / el plátano

   _____

   e. el arroz / el pescado / el garbanzo / la lenteja / la judía

   _____

   f. la longaniza / la salchicha / el jamón / la mostaza / el queso

   _____

   g. la carne / el plántano / el pescado / el pollo / el atún.

   _____

3 Utiliza **muy**, **mucho**(s) o **mucha**(s) según convenga.

   a. Fabio se levanta _____ temprano.

   b. En este momento llueve _____.

   c. Este álbum de samba me gusta _____.

   d. Te deseo _____ suerte en tus estudios.

   e. Como es domingo, hay _____ personas caminando por el parque.

   f. Hoy el tiempo está _____ mejor que ayer.

   g. En esa calle hay _____ restaurantes.

   h. Mi casa está _____ cerca de la estación de metro.

   i. Marisa come _____ menos que tú.

   j. _____ vezes tenho hambre por la noche.

   k. Con _____ frecuencia, los profesores hablan con los padres de sus alumnos.

4 Completa los huecos con las cantidades o medidas.

Carmen fue al súper y compró:

a. _____ de naranjas.   b. _____ de pescado.

c. _____ de mantequilla.   d. _____ de perejil.

e. _____ de aceitunas.   f. _____ de maíz en conserva.

Unidad 3

1 Ordena las letras y encuentra el nombre de ocho deportes.

a. CANATÓNI: _____

b. TLÚBOF: _____

c. CEBOU: _____

d. LOBANOMAN: _____

e. TESLABONCO: _____

f. NESTI: _____

g. TAPANEJI: _____

h. CLOMICIS: _____

2 Ordena las frases conjugando los verbos en negrita según convenga.

a. barrio / callejuelas / en / que / a / Siempre / vengo / me / este / **perder** / sus
_____

b. jugadores / del / del / **despedir** / al / partido / se / Los / final / entrenador
_____

c. **soñar** / a / Guatemala / Ella / viaje / con / un
_____

d. mucho / se / Los / están / **reír** / cuando / niños / jugando
_____

e. una / al / **recomendar** / día / médicos / Los / manzana
_____

f. días / pie / **volver** (yo) / Todos / los / a / cole / del
_____

g. estaba / timbre / cuando / **sonar** / Rebeca / el / durmiendo
_____

3 Escribe en los espacios los numerales ordinales indicados en los paréntesis.

a. Marzo es el _____ (3.er) mes del año.

b. Julia vive en el _____ (8.º) piso.

c. Este año se celebra el _____ (7.º) aniversario de la empresa.

d. El _____ (1.er) ejercicio es más fácil que el _____ (3.º).

e. Clara quedó en _____ (4.º) lugar.

4 Busca en la sopa de letras verbos irregulares y completa las frases conjugándolos en presente de indicativo.

V	A	S	E	R	V	I	R	A	J	D	P
O	N	A	T	I	N	V	S	P	U	I	R
L	U	Q	U	E	R	E	R	L	G	V	O
A	N	T	S	N	A	N	A	V	A	E	B
R	O	I	O	D	P	O	D	E	R	R	A
O	L	G	L	A	R	R	E	N	T	T	R
L	A	C	E	R	R	A	R	I	M	I	A
A	P	E	R	U	Q	U	E	R	A	R	P
C	O	S	T	A	R	R	C	Í	R	O	E
A	T	I	T	E	N	E	R	A	N	E	D

a. Las niñas _____ al fútbol.

b. El camarero _____ la comida con rapidez.

c. Los pájaros _____ muy alto.

d. ¿Qué _____ beber? ¿Zumo de naranja o gaseosa?

e. Él _____ muchas medallas olímpicas.

f. Este libro _____ 25 euros. ¡Qué caro!

g. Los obreros _____ almorzar en el comedor de la empresa.

h. ¿A qué hora _____ el banco?

i. Los niños se _____ cuando van al parque.

j. ¿_____ al cine con nosotros?

5 Completa las frases con una de las opciones entre paréntesis.

a. Mi padre se va a comprar _____ (un / uno) coche nuevo.

b. Cuando necesito, Carlos siempre me ayuda. Es un _____ (buen / bueno) amigo.

c. Brasil es _____ (un / uno) país muy _____ (gran / grande).

d. Los invitados llegarán a _____ (cualquier / cualquiera) momento.

e. —¿Tienes _____ (algún / alguno) dinero para prestarme?

—Lo siento, no puedo, no tengo _____ (ningún / ninguno).

f. No tengo una preferencia, viviría en _____ (cualquier / cualquiera) barrio.

g. Me gusta un _____ (buen / bueno) baño después de un largo día de trabajo.

6 Escribe sobre tu rutina. ¿Qué haces…?

a. Por la mañana:

b. Por la tarde:

c. Por la noche:

Unidad 4

1 Completa la fábula escribiendo en los huecos las palabras que corresponden a los pictogramas.

La mochila

Hace muchos años, Júpiter, que era un dios muy importante para los romanos, intimó a todos los animales de la tierra. Rápidamente su convocatoria se difundió por todo territorio y alcanzó a todos los animales. Júpiter quería saber de todos los animales si estaban satisfechos con lo que eran y si consideraban tener algún defecto o algo que les gustaría cambiar. Como era un dios muy poderoso, prometió ayudar.

Los días pasaron y llegó el momento de la reunión. La primera a ser interrogada fue la _____. A ella le preguntó:

—¿Qué dices tú? ¿Qué defectos tienes?

—¿Yo? Soy perfecta. ¡Cero defectos! Aparte, me parece que el _____ lo veo muy sin cintura.

—A ver, señor _____, ¿qué te parece la apreciación de tu compañera? —dijo Júpiter muy serio.

—Me parece que esta señora anda medio equivocada. Yo soy perfecto. ¡Mírame! ¡Suerte tengo de haber nacido oso, si fuera un _____, sí que estaría mal! Míralo como es grandote.

—Que se presente el _____ y díganos que piensa —volvió a decir Júpiter, siempre serio.

—No sé qué decir. Si él piensa así, ¿qué puedo yo hacer? Yo no me quejo, pero ni todos son como yo que no tiene defectos. Mira el _____: qué orejas ridículas.

Júpiter se volvió en dirección al _____ y le dijo: —¿Qué piensas de esta afirmación?

—Yo estoy en conforme con mi cuerpo. Me siento muy linda y no creo tener defectos; en cambio, mi compañera _____ tiene un cuello tan feo y desproporcional que le tengo mucha lástima.

Júpiter miraba a todos y los escuchaba atento y serio. A la _____ le preguntó:

—¿Qué dices de tu cuello?

—Mi cuello es lindo. No hay más divino cuello en el reino animal. Además, puedo mirar las alturas y veo cosas lindas que muchos animales ni sueñan que existan. No soy como la _____ 🐢 o como la _____ 🐍, que andan por el suelo y nada pueden ver de lindo en las alturas.

—Que vengan la _____ 🐍 y la _____ 🐢 y díganme que piensan de esto.

—Esta señora no sabe lo que dice. Dijo la _____ 🐍 sin importarse mucho. —A mí me parece que estaría peor si fuese un _____ 🐸. Míralo como es feo y lleno de verrugas.

Júpiter se calentó. Gritó:

—Basta! Todos critican a todos. Ya no me asustaría si uno entre vosotros criticase los ojos del _____ 🦅.

—Justo, interrumpió el topo. Míralo, que feo con su cogote pelado.

—Esto es un absurdo —gritó enfurecido Júpiter. —Se terminó la reunión. Todos solo saben decir de los defectos del otro y no piensan en cambiar a sus defectos.

Moraleja: Solo tenemos ojos para los defectos ajenos y llevamos los propios bien ocultos, en una mochila, a la espalda.

Texto elaborado especialmente para esta obra.

2 Ordena las palabras y conjuga los verbos irregulares en el presente de indicativo.

a. decir (yo) / verdad / la / siempre

_____

b. programas / **ver** / en / Laura / televisión / muchos / la

_____

c. a / **parecerse** (yo) / abuela / mi

_____

d. inglés / texto / de / **traducir** (yo) / el

_____

e. saber (yo) / cuales / **ser** (ellos) / mis / deberes / perfectamente

_____

3 Completa las frases con la forma correcta de uno de los verbos entre paréntesis.

a. Cada mañana _____ (yo) con el perro a dar una vuelta. (salir – dar)

b. Algunas aves _____ desapareciendo de su hábitat natural. (estar – ser)

c. Lamentablemente _____ (yo) algunas especies que están amenazadas. (ofrecer – conocer)

Unidad 5

1 Mira las imágenes y escribe el nombre de los aparatos o recursos tecnológicos.

a.

b.

c.

_____

_____

_____

d.

e.

f.

_____

_____

_____

2 Elige la palabra que completa correctamente las frases.

> geolocalización   confiable   telefonía   definición   tecnología   móvil
> desarrollo   en vivo   generación   avances   Internet   velocidad

Internet de las cosas y las áreas más beneficiadas por la tecnología 5G

Los _____ tecnológicos de los últimos años nos han cambiado la forma como vemos y veremos el mundo. Por muchos años, la _____ móvil ha presentado nuevas generaciones de _____, lo que ha favorecido el _____ de una nueva _____ de recursos: la tecnología 5G. Se estima que ya en los próximos años podamos disfrutar de esa nueva tecnología _____. Ese hecho puede relacionarse con lo que se considera ser la nueva revolución tecnológica: la _____ de las cosas. Actualmente, la tecnología móvil más reciente tiene una gran _____ de datos y otras opciones como la _____, la capacidad de hacer videollamadas de alta _____ y transmisión _____. Gracias a las nuevas tecnologías, los usuarios pueden conectarse a una red de Internet _____ en diferentes dispositivos.

Fuente de la información: Axess Network. *Se acerca la llegada de la tecnología 5G – IOT*. Disponible en: https://axessnet.com/tecnologia-5g-beneficiara-el-internet-de-las-cosas-iot/. Accedido el: 20 abr. 2021.

3 Completa el fragmento del artículo sobre Mafalda con las preposiciones que faltan.

¿Quién es Mafalda?

Sí, Quino se fue el 30 de septiembre _____ este oscuro 2020. Pero nos dejó _____ su luminosa Mafalda. ¿Cómo explicar _____ las nuevas generaciones quién es esta criatura universal? Una niña perspicaz, contestataria e inconformista, empeñada en cuidar a este mundo aún enfermo. _____ sus tiras gráficas _____ inteligente humor, el dibujante argentino nos la legó arropando a un febril globo terráqueo _____ la cama y tomándole la temperatura, soñando _____ que algún día se levantaría más justo y digno para todos.

_____ una ironía fina y unas reflexiones críticas y aceradas, Mafalda destapa viñeta _____ viñeta las vergüenzas _____ ser humano _____ grandes temas como la guerra, el racismo o la violencia, pero también _____ las miserias y sinsentidos cotidianos de los adultos. […]

ABELLA, Anna. ¿Quién es Mafalda? *El Periódico*. 30 oct. 2020. Disponible en: WWW. elperiodico.com/es/ocio-y-cultura/20201030/perfil-mafalda-quino-8171025. Accedido el: 10 abr. 2021.

4 Elige la preposición que completa correctamente las frases.

a. Debemos mirar _____ el futuro o nos quedaremos atrapados _____ siempre en el pasado. (para – entre – hacia)

b. Las nuevas tecnologías están _____ ayudarnos. (por – para – en)

c. Muchos aparatos ya vienen conectados _____ Internet. (a – por – con)

d. Las videollamadas nos permiten ver _____ otras personas _____ tiempo real. (con – en – a)

e. _____ paciencia, consigues publicar los videos _____ tu canal. (en – con – a)

f. _____ acceder _____ los contenidos de mi *blog*, necesitas inscribirte. (para – en – a)

5 Lee la tira y contesta a las preguntas.

LINIERS, Ricardo. *Macanudo 1*. Buenos Aires: Ediciones de la Flor, 2008.

a. ¿Qué verbos utiliza Fellini para referirse al pasado?
_____
_____

b. Según Fellini, ¿cómo era su vida antes de Internet? ¿Qué expresión utiliza para reforzar su opinión?
_____
_____

6 Lee los relatos y complétalos con los verbos del recuadro en el pretérito imperfecto.

preparar   poder   divertirse   gustar

Cuando era pequeño me _____ visitar a mis abuelos, porque _____ reunirme con mis primos y jugar toda la tarde con ellos. _____ un montón. Recuerdo que mi abuela nos _____ unos bizcochuelos muy ricos.

comprar   ser   encantar   salir

De niño me _____ leer las historietas en los periódicos. Mi papá siempre _____ el periódico los domingos, porque ese día _____ las viñetas más chistosas y divertidas. Mortadelo y Filemón _____ mis personajes favoritos.

tener   ir   ser   vivir

Recuerdo que cuando _____ con mis padres, cada semana _____ (nosotros) al mercado a comprar las frutas y verduras de la semana. _____ algo muy divertido porque, en esa época, no _____ (nosotros) acceso a la tecnología ni tampoco a Internet.

Unidad 6

1 Lee el texto y, enseguida, haz lo que se te pide.

Historia de la Feria de Chapultepec: nuestro querido parque con juegos de madera

Desde 1964 la Feria de Chapultepec es uno de los iconos más queridos de la ciudad. Hoy, mientras desmantelan algunos juegos, espera su nueva administración.

El primer parque de diversiones de la ciudad se inauguró en 1906, era el Parque Luna y allí construyeron la primera montaña rusa de nuestro país. Aun así, en el mundo de los deslizadores mecanizados no ha existido en México una montaña rusa tan emblemática como la de la Feria de Chapultepec, una de las 20 en todo el mundo construidas con madera casi en su totalidad.

El nacimiento de la Feria

La Feria de Chapultepec abrió sus puertas el 24 de octubre de 1964, su nombre original era Juegos Mecánicos de Chapultepec y el encargado de inaugurarla fue el presidente Adolfo López Mateos. El parque de atracciones era parte de un programa que buscaba embellecer (como si de verdad lo necesitara) la segunda sección del Bosque de Chapultepec.

A la par de la Feria, abrieron otros recintos icónicos de Chapultepec como los museos de Historia Natural, Arte Moderno y Antropología e Historia. El proyecto de embellecimiento tenía prevista una parte cultural y científica que, por cierto, sigue funcionando muy bien a pesar de todo. […]

CERA, Diego. Historia de la Feria de Chapultepec: nuestro querido parque con juegos de madera. *Local.MX*. 24 jul. 2020. Disponible en: https://local.mx/ciudad-de-mexico/cronica-ciudad/feria-de-chapultepec/. Accedido el: 30 abr. 2021.

- Encuentra en el texto:

    a. un verbo en pretérito imperfecto.

    _____

    b. un verbo en pretérito perfecto simple.

    _____

    c. un verbo en pretérito perfecto compuesto.

    _____

    d. una palabra esdrújula.

    _____

e. una palabra grave.

_____

f. una palabra aguda.

_____

2 Clasifica las palabras y acentúalas cuando necesario:

a. palabra oxítona o aguda con acento.

b. palabra oxítona o aguda sin acento.

c. palabra paroxítona o llana con acento.

d. palabra paroxítona o llana sin acento.

e. palabra proparoxítona o esdrújula.

- ◯ facil
- ◯ arboles
- ◯ historia
- ◯ Matematica
- ◯ interes
- ◯ reloj
- ◯ arbol
- ◯ cancion
- ◯ biblioteca
- ◯ salud
- ◯ diversion
- ◯ lapiz
- ◯ telefono
- ◯ ejercicio
- ◯ cama
- ◯ magia

3 Completa las frases con la forma más adecuada del pretérito.

a. El domingo pasado _____ (viajar, nosotros) al campo.

b. Esta mañana os _____ (levantarse, vosotros) muy temprano.

c. Esta semana _____ (estudiar, nosotros) mucho.

d. Anoche _____ (soñar, yo) contigo.

e. Juan y Carmen _____ (cenar) en mi casa la semana pasada.

f. Hasta ahora no _____ (venir, él) a visitarme.

g. El mes pasado tú y yo _____ (trabajar) mucho.

h. Todos los días _____ (ir, ellos) a la escuela en autobús.

i. Esta tarde _____ (llover) mucho.

j. De niña, _____ (jugar) en la calle con mis amigas.

4 Completa el texto con la forma adecuada del pretérito perfecto.

Blog sin fronteras
El diario de Fernanda

Domingo | 7 de noviembre de 2021

Un día fantástico

Ayer _____ (**levantarse**) muy temprano, _____ (**ducharse**), _____ (**desayunar**) y _____ (**salir**) muy deprisa para no llegar tarde al cole, pues era un día muy especial. Al llegar, _____ (**encontrar**) a todos mis amigos. Había muchos autobuses aparcados frente a la escuela, para llevarnos de excursión a Terra Mítica, un parque temático situado en Alicante. El parque es muy grande y está dividido en diversos sectores con civilizaciones de épocas históricas, como Egipto, Roma, Grecia, Iberia y otras. Mis amigos y yo _____ (**empezar**) por Egipto, montándonos en atracciones de agua: montañas rusas en las que a cada bajada terminas bastante mojado. Después _____ (**visitar**) el Laberinto del Minotauro.

También nos _____ (**montar**) en las atracciones más famosas del parque: Magnus Colossus, la montaña rusa de madera (¡con una velocidad de casi 100 km/h y 36 m de altura!). Enseguida, fuimos al Vuelo de Fénix, una torre de caída libre de 60 m. ¡Qué momento impresionante! Adrenalina a tope, jajaja…

En fin… el sábado _____ (**divertirse**) muchísimo.

Al regresar a casa, _____ (**cenar**) y, como estaba muy cansada, _____ (**acostarse**) temprano. Hoy por la mañana _____ (**dormir**) a pierna suelta. 😊 Mi madre _____ (**tener**) que llamarme. Me _____ (**levantarse**) de la cama muerta de hambre. _____ (**desayunar**) muy bien y _____ (**ver**) un poco la tele. Pero luego _____ (**encender**) el ordenador para bajar las fotos de mi cámara, que están geniales.

Publicado por Fernanda a las 11h30 am

Sobre mí
Soy Fernanda, tengo 13 años y me encanta estar con mis amigos.

• comentarios | enlaces

María dijo:
¡Hola, Fernanda! Estoy de acuerdo contigo, Terra Mítica es fenomenal. Es muy divertida y también una auténtica clase de Historia. Jejeje…
Besitos 😊

10/11/2021 a las 11h45 am

Bibliografía

ALMEIDA FILHO, J. C. P. (coord.). *Português para estrangeiros*: interface com o espanhol. São Paulo: Pontes, 2001.

BAKHTIN, M. *Estética da criação verbal*. 2. ed. São Paulo: Martins Fontes, 1997.

BENITO, A. B. G. La competencia intercultural y el papel del profesor de lenguas extranjeras. Disponible en: https://dialnet.unirioja.es/servlet/articulo?codigo=3186598. Accedido el: 2 jun. 2021.

BRASIL. Ministério da Educação. Secretaria de Educação Básica. União Nacional dos Dirigentes Municipais da Educação. Conselho Nacional de Secretarias de Educação. Base Nacional Comum Curricular. Versão final. Dezembro de 2018. Disponible en: http://basenacionalcomum.mec.gov.br/images/BNCC_EI_EF_110518_versaofinal_site.pdf. Accedido el: 3 mar. 2021.

BRASIL. Presidência da República. Casa Civil. Subchefia para Assuntos Jurídicos. *Lei nº 9.394, de 20 de dezembro de 1996*. Estabelece as diretrizes e bases da educação nacional. Brasília, DF: Presidência da República, 1996. Disponible en: www.planalto.gov.br/ccivil_03/leis/l9394.htm. Accedido el: 14 mayo 2021.

CAMARGO, F.; DAROS, T. *A sala de aula inovadora*. São Paulo: Penso Editora, 2018.

CASSANY, D. *Tras las líneas*: sobre la lectura contemporánea. Barcelona: Anagrama, 2006.

CELADA, M. T.; GONZÁLEZ, N. T. M. El español en Brasil: un intento de captar el orden de la experiencia. *In*: *O ensino do espanhol no Brasil*: passado, presente, futuro. São Paulo: Parábola, 2005.

CONSOLO, D. A.; ABRAHÃ, M. H. V. (org.). *Pesquisas em linguística aplicada*: ensino e aprendizagem de língua estrangeira. São Paulo: Editora da Unesp, 2004.

CUERVO, R. J. *Diccionario de construcción y régimen de la lengua española*. Santafé de Bogotá: Instituto Caro y Cuervo, 1994.

DI TULLIO, A; MALCOURI, M. La gramática y la enseñanza de la lengua. *In*: *Gramática del español para maestros y profesores del Uruguay*. Montevideo: ANEEP, 2012.

DINTEL, F. *Cómo se elabora un texto*. Barcelona: Alba Editorial, 2002.

FREIRE, P. *Pedagogia da autonomia*: saberes necessários à prática educativa. São Paulo: Paz e Terra, 1992.

FREITAS, L.; GOETTENAUER, E. *Sentidos en lengua española 1*. São Paulo: Moderna, 2016.

GONZÁLEZ, N. M. Portugués brasileño y español: lenguas inversamente asimétricas. *In*: CELADA, M. T.; GONZÁLEZ, N. M. (coord.). Gestos trazan distinciones entre la lengua española y el portugués brasileño. *Signos ELE*, n. 1-2, dic. 2008. Disponible en: http://p3.usal.edu.ar/index.php/ele/article/view/1394. Accedido el: 3 mar. 2021.

MANCERA, A. M. C. Comunicación no verbal y enseñanza de lenguas extranjeras. *In*: *Cuadernos de didáctica del Español/LE*. Madrid: Arco Libros, 1999.

MARCUSCHI, L. A. Gêneros textuais: definição e funcionalidade. *In*: DIONISIO, P. A.; MACHADO, R. A.; Bezerra, A. M. *Gêneros textuais & ensino*. Rio de Janeiro: Lucerna, 2008.

MATTE BON, F. *Gramática comunicativa del español*. Tomo I: De la lengua a la idea. Tomo II: De la idea a la lengua. Madrid: Edelsa, 1995.

MORENO, C. *Gramática contrastiva del español para brasileños*. Madrid: SGEL, 2007.

MORIN, E.; DÍAZ, C. E. D. *Reinventar a educação*: abrir caminhos para a metamorfose da humanidade. São Paulo: Palas Atenas, 2016.

OLIVEIRA, M. K. *Vygotsky*: aprendizado e desenvolvimento. Um processo sócio-histórico. São Paulo: Scipione, 1995.

REAL Academia Española. Disponible en: www.rae.es/. Accedido el: 3 mar. 2021.